地方自治法改正案～
みんなの自由が奪われる

城戸 佐和子

はじめに

昨今の日本の情勢を知れば知るほど、暗然たる気持ちを抱かずにはいられません。私自身が小田原市議会議員を志した経緯も、その気持ちが最高潮に達した２０２３年の1月、２０２０年から始まった※感染症騒動を経て、次々と決まっていく法案、そして奪われゆく我々の権利と自由を憂いたからです。何より子どもたちの現状は、自由とは程遠いものでした。

私は薬剤師、そして活動家として、事業を通じて医療と教育、そこから派生する食や地方の問題を扱っていました。結局、全ての問題は政治とは切っても切り離せない現実があり、私は政治家を志すこととなりました。仮にこれまで、誰であろうと政治家がこのような問題を扱い、共闘してくださったならば、私はあえて議員となる道を選んではいなかったでしょう。

志してから選挙まで約3か月半、一人で政治活動を始めたものの、何度も心が折れそうになりました。無所属を貫き、地域の基盤もなく、後ろ盾も作らず、ほとんどの人が選挙対策で言えない内容に言及します。また、政治に興味がなく投票率の低い若者へ訴えかけることが、選挙戦でプラ

※感染症騒動
２０２０年、新型コロナウイルス感染症（COVID-19）が日本社会に甚大な被害を及ぼした。その被害はウイルス感染症そのものによってもたらされたのではなく、むしろ心理学的、社会学的、政治学的要因など別の多くの要因によって引き起こされたと考えられた。「コロナ騒動」を引き起こし、日本の学校における様々な活動、人々の日常生活、そして経済活動に深刻なダメージを与えた。

スにならないことは選挙を経験した人には周知の事実でしょう。彼らの※無関心さがその一端であるのは承知していましたが、それでも私は彼らへ訴えることをやめることはできませんでした。若者や子どもがないがしろにされる世の中が、現代社会の問題の全ての原因であると強く感じています。これまで仮初《かりそめ》であろうと自由が保障された、平和な日本をただただ享受してきた私ですから、今後若者や子どもから自由が奪われることを何よりも憂いているのです。

自民党が強い、保守的な小田原市では、27人の※小田原市議会の議席に対し39人が立候補した過去最大の激戦区となり、女性の立候補者数も多数おりました。何も持たなかった私には不可能だといわれていた選挙でしたが、地道な活動が評価を頂いたのか何とか当選できました。この結果は、未来のための仕事を仰せつかったのであると思い、私は日本人が残してきたこの国を、その本来の平和と**自由を未来に残すために尽力する**道を選びました。

しかし、それは常に正解なき道です。どこでも忖度《そんたく》なく本質を見据え、誰よりも行動を起こすことで、結果を未来の子どもたちに残していきたい。そして何より、私の3人の子どもたちが自由を享受し続け、日本が本来の姿を取り戻すために私は努力を惜しみません。

※無関心
20代の投票率は36・5％、30代の投票率は47・12％となり、20代は全ての年代の中で最も低い投票率（総務省「目で見る投票率」参照）

※小田原市議会
議員定数は27名。会派は5つ。女性議員は約22％。総務常任委員会、厚生文教常任委員会、建設経済常任委員会、議会広報広聴常任委員会がある。

今、日本で起きていることに我々国民が目を向けることの重要性を私は常に伝えています。これまでたくさんの法案が通り、気がつけば徐々に日本という国が日本人のためのものではなくなりかけている、という事態に直面しています。

このままでは日本という「箱」だけが残り、中身は「別物」になってしまう。日本人が築いてきた日本だからこそ、世界が美しさを感じ、日本を好きになるのではないでしょうか？

日本が危機に直面し、日本人から自由が奪われていくターニングポイントは、この２０２４年であると私は強く感じています。

２０２４年３月１日に※閣議決定をした「※地方自治法改正案」からも、その危険性を強く感じます。これまで何があっても希望はあると常にお伝えしてきた私の論拠として、独自性を体現できる、最後の砦となる地方自治体の存在がありました。しかし今、それすらも奪われようとしています。

どうか政治に目を向けてほしいのです。我々の自由は我々で守りましょう。その方法のヒントなどを本書ではふんだんに記載していきます。

※閣議決定
内閣総理大臣が主宰する閣議における意思決定のこと（内閣法第４条）。行政府における最高の意思決定手続きになる。予算案など国政に関する基本的かつ最重要な項目で、内閣として意思決定を行うべき一般案件のほか、法律・条約の公布、法律案、政令などが案件として審議、意思決定される。
▼本書１１０頁参照

※地方自治法改正案
感染症や災害など重大な事態が発生した場合に、国が自治体に必要な指示を行えるとする特例を盛り込んだ地方自治法の改正案。

その前に、何が危険で何が問題かを認識することが必要です。ぜひ、この本を読んで、今の我々の現状と、私たち一人一人の力は思っている以上に強力であることを知ってほしいのです。なぜ、今私がこの本を緊急出版するに至ったのか？　それはこの本を読み終えた時には理解できるでしょう。**現在日本は岐路に立たされており、あなた方の選択が未来を決めるのです。**

１００年後の未来を見据えて、どうかたくさんの方が問題を知っていくことを願っています。

この本が子どもたちの未来の可能性を切り開くために、そして、本来の自由を我々のものとするために少しでも役立つのであれば本望です。そして、私に未来や世の中への希望をくれた３人の子どもたちに感謝の気持ちを表して、はじめの言葉とさせていただきます。

２０２４年４月吉日

城戸　佐和子

もくじ

第三章　奪われゆく日本の自由と権利

おわりに

序章　地方に伸びる魔の手

◆常識という名のシステムが近代の閉塞感

「地方自治法改正案」。２０２３年秋、その要旨が明らかになり、その内容を知った私は、何より恐れていた事態がこんなにも近くに差し迫って来ていることに驚きました。私の中では、国がどんな政策を実行しようが、２０００年に地方が得た地方分権、つまり国と地方の対等性がある限りは、我々の自由と権利が守られると思っていました。今国が提案している数々の法案は、それに逆行し、**新たな中央集権化を進めようとしている**としか思えない内容になっています。

私はどこで話す際にも、必ず希望を語ります。一人でも多くの国民が目を向け、行動を起こすことができるよう、悲観的にならずに長年活動をしてきましたが、今ほど行動をしやすい時はありません。私自身は薬剤師として薬害、そして早期教育の分野で主に活動していますが、以前は薬や食に関する話題など、業界で※タブー視されていることを少しでも多くの人に伝えようとすると、たくさんの工夫が必要でした。

現在は、４年前に比べると、どんな相手であろうと少しの工夫でそれが可能だと感じます。※２００１年9月11日に起きたテロ事件、※２０１１

※タブー視
その情報や常識は事実であるが、社会的に広く認知されていなかったり、表向きはきれいな話でおさまっているもの。ある集団の中で発言したり行ってはならず、禁止されているさま。

※テロ事件
２００１年9月11日にイスラム過激派テロ組織アルカイダによって行われたアメリカ合衆国に対する４つの協調的なテロ攻撃。

年の東日本大震災や、それに由来する原発問題、２０２０年から続く、感染症騒動。その間にも様々な問題は起こっていましたが、人々の意識に大きな転換を生み出し、社会に転機が訪れたのは、これら３つの問題が大きな理由でしょう。

食や医療、教育、政治の問題と各業界の闇等、日本にはたくさんの問題がはびこり、賛否両論ある様々な、言論が生まれるきっかけとなりましたが、それでも社会への問題意識を生み、自身の在り方や日本における問題点に目を向けるきっかけになったのは間違いありません。食の問題、医療の問題、教育の問題、各業界の闇、政治の問題。今、日本にはたくさんの問題がはびこっています。

一つの事案だけ見ていても、本質はわかりません。医療だけを見ても、教育だけを見ても、食だけを見ても、デジタルの問題だけを見ても、放射能の問題だけを見ても何も分かりません。

それら全ての問題は総合して考えないと意味がありません。日本人は長年かけて、骨抜きになってしまい、己の思考力、本質を見抜く目を失ってしまいました。

※東日本大震災
２０１１年（平成23年）３月11日14時46分に発生した東北地方太平洋沖地震およびこれに伴う福島第一原子力発電所事故による大規模な地震災害（震災）。

しかし、私がまだ希望は残っていると感じるのは、彼ら彼女らが国内で起きている現状を知り、本来の人間らしい能力を取り戻すことができると信じているからです。

権力は強大で相手にすることは恐れ多いと思われがちですが、実は我々が明らかに権力者たちより勝っていることがあります。それは数の力です。権力者たちは、我々一般人が気づき、彼らが作り上げたシステムから抜け出していくことを恐れています。

そのため、システムから抜け出すことができないよう、我々から思考する力を奪ってきました。人間は元々その独自性のある創造力を持って世界を築いてきました。今の世の中は決められた※ルーティンの中で過ごすことに慣れるシステムが出来上がっており、創造力ではなく、技術が重視されます。技術だけを重視し、技術が秀でたもののみ称賛されます。

そのような教育システムに慣れた人々が、そこから抜け出すことは至難の業です。つまり、システムとは我々の中で内面化させた「常識」のことです。

幼い頃から、多忙な日常を過ごしている現代人は、ただお互いに奪い合い競い合い、その結果、世の中に閉塞感が漂い、希望が見い出せなくなり

※ルーティン
「決められた動作を繰り返すこと」を意味する。「毎日同じ動作を繰り返すもの」と「特定のシチュエーションで決まった動作を行うもの」の主に2種類ある。

ます。

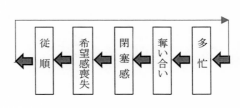

希望を感じなくなればなるほど、人々はより従順となり、システムに組み込まれていきます。今の世の中は、そのような悪循環の中にいます。その結果、何が起こるか？　誰かが秀《ひい》でることが許せない人々はお互いを監視し合います。

技術が重視される世の中では、必ず勝者と敗者を作り出します。人間が与えられた能力とは、その創造力です。それらを奪うための仕掛けではないか、と懸念される「常識」という名のシステムが、近代の閉塞感の原因です。

しかし、一つだけ抜け出す方法があります。それは本来の愛を知ることです。過去に日本は世界のどこよりも「他」に寛容だった時代がありました。今、その時代と逆行することが起きています。

◆地方自治法改正案の内容を知っていますか？

今回の地方自治法改正案は、法の名のもとに我々に新たな正しさとい

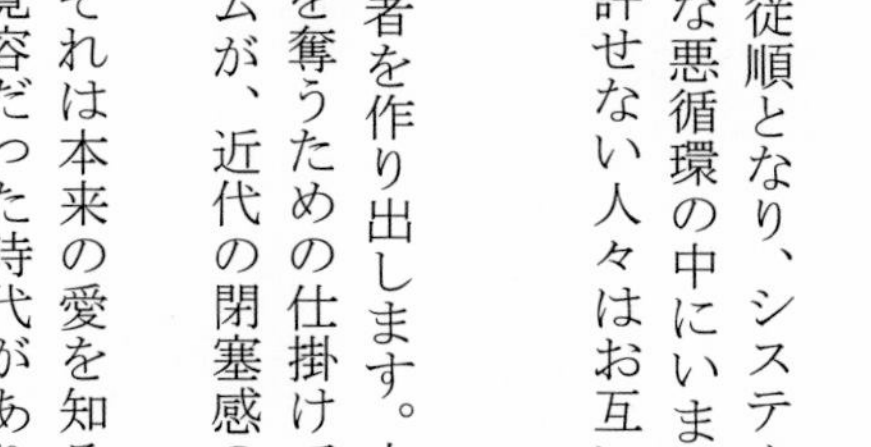

う常識を※同調圧力的に与え、より強い監視体制を敷くもので、先の大戦下に行われた「※隣組《となりぐみ》」の再来が懸念されます。

２０２４年3月1日に閣議決定された地方自治法改正案ですが、これにどれだけの人がその危険性を感じているでしょうか？　ほとんどの人は、内容はもちろん、その言葉すら知らないと思います。

元々、日本にはたくさんの問題がはびこっています。食の問題、医療問題、デジタル化の弊害、水道の民営化問題、放射能問題など、挙げるときりがありません。しかし、それでも我々は守られていますし、自分たちの選択の自由は常に保障されていました。

それを可能とするのが**「地方の独自性」**です。私が希望を持っていたのは、地方と国が対等な立場にあり、地方はその独自性をいかんなく発揮できるからです。

つまり、「仮に国が独裁的な方向に向かったとしても、地方の首長の判断、そして議会の判断次第では、その限りではない」というのが今なのです。だから、我々は今のように内閣のおかしな行為に意見を言っていたと

※同調圧力
意見・行動の正否にかかわらず、意見や行動を少数派が多数派に合わせるよう強制する無言の圧力。

※隣組
第二次大戦下、国民統制のためにつくられた地域組織。町内会・部落会の下に属し、近隣数軒が一単位となって、互助・自警・配給などにあたった。

しても、自由と権利を享受できているのです。

今、行動はもちろん、言論ですら自由が残っているのは、我々がその権利を勝ち取ってきたからです。いくらYouTubeでは※BAN《バン》されるから言えないなどと言っても、実質それは無料でサービスを提供している企業の判断であり、決して言論の自由がないということではありません。

だから、我々は気兼ねなく話せる友人を作ることができるし、家族ともたくさんの事柄を共有できます。確かに現代の世の中は人の目を気にして言えないことはあるでしょう。しかし、言わないという選択もはっきり言うという選択も自由にできるのは、我々がその自由と権利をしっかり得られている証拠なのです。だからこそ、自分次第で気兼ねなく話せる友人を持つことができるのです。

先の大戦下行われていた※言論統制は、その当たり前と思われている人間関係すら築くことを難しくしました。想像できるでしょうか？　すぐ隣にいる人を疑って過ごす毎日を…。それは家族ですらも、例外ではありません。当時の記録によると、子どもは「『産めよ殖やせよ』というスロー

※BANされる
「禁止（する）」という意味の英単語。IT分野では、俗に、ネットサービスなどの運営元が登録利用者に対して何らかの理由により実施する利用停止措置やアクセス禁止措置をこのように呼ぶ。

※言論統制
公権力が検閲制度などの手段を用いて、言論・表現を制限すること。

ガンで増やしていきました。

家族とは、ただ子を成すための機能を有するシステムであり、そのイメージは今のような支え合いで成り立つという概念とは程遠かったようです。

そもそも、「産めよ殖やせよ」とは、日本帝国政府厚生省予防局優生課が発表したスローガンであり、その一連の家族計画運動のことです。１９３９年９月30日、阿部内閣厚生省予防局優生課の民族衛生研究会は、ナチス・ドイツの「※配偶者選択10か条」に倣《なら》い「結婚十訓」を発表したそうです。この第十条の「産めよ育てよ国の為」が語源となり、転じて「産めよ殖やせよ」が一般にスローガンとして浸透しました。その結婚十訓とは次のようなものです。

結婚十訓
一．一生の伴侶として信頼出来る人を選べ
二．心身共に健康な人を選べ
三．お互いに健康証明書を交換せよ
四．悪い遺伝の無い人を選べ
五．近親結婚は成るべく避けよ

※配偶者選択10か条
①ドイツ人たることを自覚せよ！
②精神と魂の純潔を保て！
③身体の純潔を保て！
④遺伝上の欠陥がないのなら、独身でいてはならない！
⑤愛情のためにのみ結婚せよ！
⑥ドイツ人として、配偶者にはかならず同種あるいは類種の血の者を選べ！
⑦配偶者を選ぶときは、その先祖を調べよ！
⑧健康は外見的な美しさよりも重要である！
⑨結婚相手には遊び友達ではなく伴侶を求めよ！
⑩できるだけ多くの子供を望め！

六．成るべく早く結婚せよ
七．迷信や因習に捉われるな
八．父母長上の意見を尊重せよ
九．式は質素に届は当日
十．産めよ育てよ国の為

これを見てあなた方はどう思うでしょうか？　現代の常識があるならば、嫌悪感をいだくのではないでしょうか？　しかし逆に考えると、この常識がまかり通っていた当時に幼少時代を過ごしてきた方々には、今の自由な世の中の在り方に対して、嫌悪感をいだきやすいでしょう。男らしく女らしく、世間の手前恥ずかしい、などの言葉が今でも行き来しているのは、その名残《なごり》ではないかと感じています。

今でもその時代の考えは、政治の世界で幅を利かせ、その上で国の政策が決められています。また、昨今の社会問題にもなっている、年代ごとの認識の差から起こるトラブル。その中には、過ごしてきた時代や、それに伴う常識の差も大きく関係していると思います。しかし、それらで苦しんだ人々が作り上げてきたのが今の世の中であり、それは自由がなかった時代を過ごしてきた人々だからこそ、その大切さを知り、それを皆が享受できるように、政府に対して何重にもわたる鎖を巻いてきたのです。当時の家族、そして人間関係における常識とは、個人を基礎とする世界観を排して、家と民族とを基礎とする世界観の確立、徹底を図ることでした。

この考えは個を重視する現代では、難しいように感じるでしょうが、現在、国が時代に逆行する政策を多々行っているにもかかわらず、大半の人がそこに目を向けていない現状を見ていると、簡単に実行することができるのではないかという懸念に、私は常に駆られています。その考えは、政治家になり議会を重ねれば重ねるほど、私の中で現実味を増していきます。

◆地方議会の話をしよう！

昔はいたであろう※議会傍聴者。その時代は、活発な議論がなされていたと聞きます。政治的な思惑などが渦巻くことはさておき、議論が活発化することは、政治の世界では大いに歓迎です。

言論で闘い、どのような方向性で民間に行政として関わっていくのが

※議会傍聴
市政を知るよりよい方法は、議会を傍聴することと言われている。本会議は公開されており、常任委員会・特別委員会も委員長の許可により、誰でも傍聴ができる。
・議場における言論に対して拍手、その他の方法により公然と可否を表明しないこと・談論し、放歌し、高笑し、その他騒ぎ立てないこと・はち巻、腕章の類をする者、示威的行為をしないこと・携帯電話は電源を切ること、などが禁止されている。

よいのでしょうか？　それは、それぞれの代表である地方議員と行政側との対話により、行政の提案通りに行うか、もしくはより良くするために修正するか、どちらがいいのでしょう？　要するに**地方議会とは、行政の政策を市民のために、より良く磨き上げる場所**であり、決して議員自体が行政を動かすわけではありません。

我々、地方議員は、市民のために行政の動きをチェックし、修正していくことが主な仕事です。しかし、実際それが出来ているかは、はなはだ疑問です。国会だけではなく、様々な地方議会を通じて見た私の感想は、実行する権限のある内閣、もしくは知事、市長をはじめとする首長にすり寄って、市の提案通りに事が進むように動く、そして、その代わり自分のやりたいことを、政策に盛り込んでもらい、自身の政策が成功したと自身の名前を出し、あたかもそれが国民のためであるかのように周囲に宣伝する議員が多いということです。

私はそれらを見て、※自己の承認欲求のまま仕事をしており、本当にそれが国民のためになっているかどうかという視点がおざなりになっていると感じてしまいます。

※自己承認欲求

「自分で自分を認めたい」という欲求。他人ではなく自分からの承認を求める点で、一般的にイメージされる承認欲求（他者承認欲求）とは異なる。

果たして、これが本当に良いことなのでしょうか？　まず、なぜ議会で言論を闘わせるのか？　それは多様な意見を交換し、混ぜ合わせることで、行政が一人一人の状況を知った上で対応できるようにするためです。

当たり前ですが、国民一人一人にそれぞれの正義があり、常識があります。社会とはその意見を保持しつつ、折り合いをつけていく場です。そのため、相手との話し合いを揉め事と捉えがちな現代人は、相手に意見を合わせることが良いという風潮になりやすいです。

しかし、本来は自分の意見を保持するために合わせるのではなく、しっかり対話をすることこそ重要であり、その先に自分の生きやすい場所を作り上げることができるのです。

何も言わないことは美徳のように思われますが、結果として自分の意に反することに従わざるをえなくなります。これが閉塞感が漂う世の中となる所以であり、今の日本の大きな病であると感じています。

自分の意見を相手に伝え、その上でしっかりと議論をすることこそ、自分の生きやすい場所を作る唯一の方法となります。それには**自分と相手の意見の相違を、人格の問題と結びつけないことが重要**です。

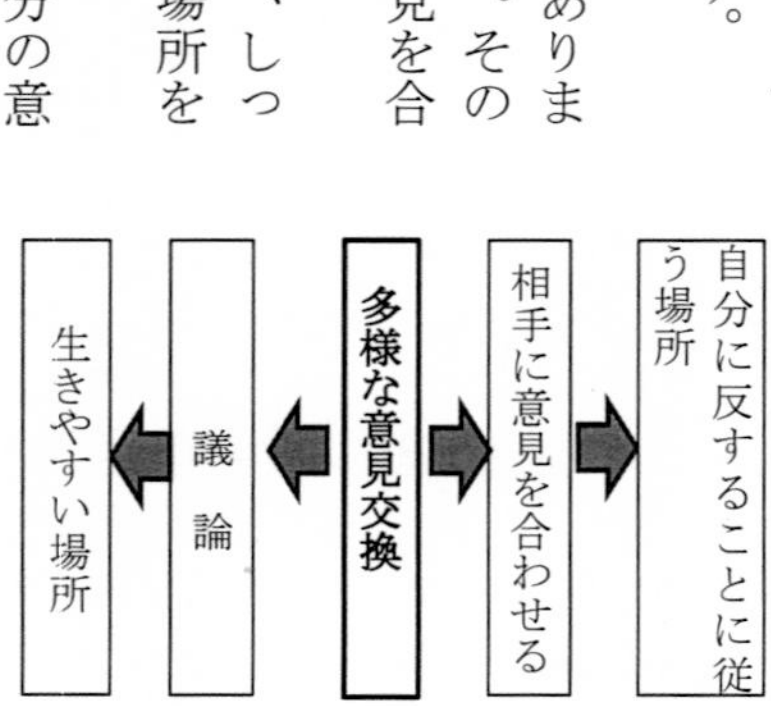

さらにそれは、政治にこそ必要な観点です。相手に意見を合わせるのではなく、それぞれの生きやすい場所を作るために、そして、行政として多様なサービスをより良く提供するために議論をします。行政側が出した提案をより良い政策にする、もしくは方向性に間違いがある場合には是正する。これこそが議会が存在する理由なのです。

自身の信念の下に動くことは必要ですが、決して自身の政策実現のために議員がいるわけではありません。それぞれが行政を通じて、生きやすい場所を作るために、多様な角度から議論をします。その結果として、地方に独自性が生まれ、その中で一人一人が過ごしやすい場所を構築していくことこそが議会の役割です。

現状、議会が国民の目にさらされていない状態であるこの国では、それがまともに機能していません。そして、私は議会傍聴も重要であると思っています。**国民がしっかり議会に目を向けていることを示すことができる方法の一つ**であるからです。

傍聴者が多数いた時代には活発に議論されていたというのも、その証拠ではないかと思われます。国民が政治に目を向けているという姿勢は、

議会の場合

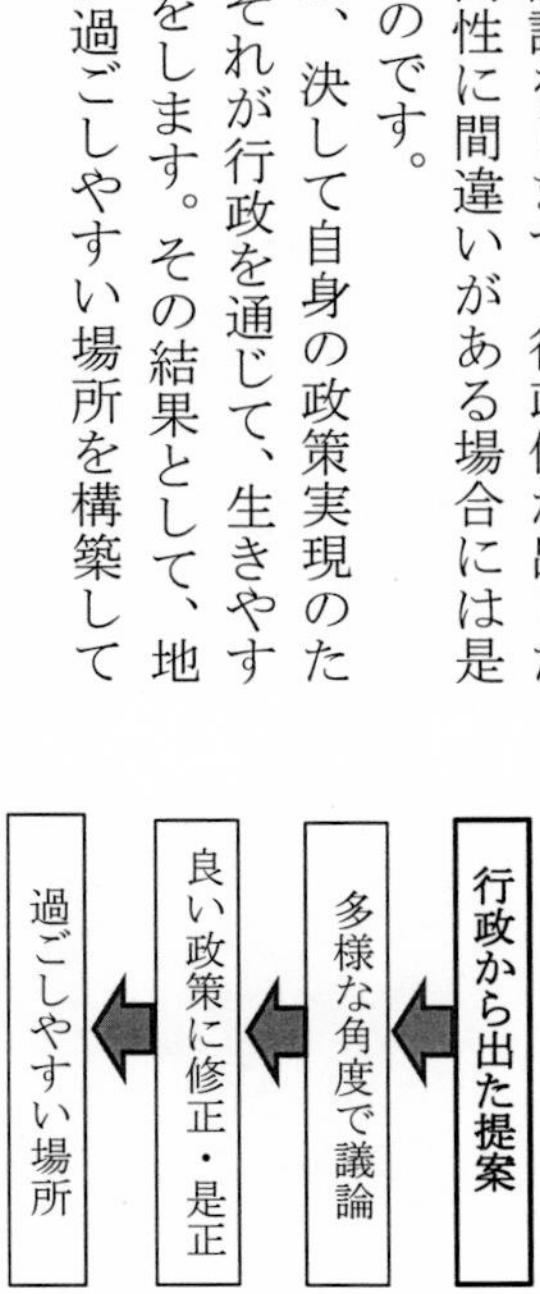

地方議会でこそ示すことができ、そして、それが議会の機能をまっとうにします。そのためには、**まず議会の歴史とあり方を知る必要性があります。**議員が本来の役割を発揮し、多様な意見を交わすことこそ重要であると常日頃、感じているのです。

政治家が、**私情を巻きこみ事実を歪めることはしてはいけません。**なぜなら、**他人の意見と自身の意見が異なったとき、その感情で選択を見誤る例を多々見てきた**からです。「内容は賛成できるが、相手が気に入らないから賛成できない」というようなものです。少なくとも私は誰が出す提案であろうと、その中身と本質、それを実行した時に国民に起きる利益と不利益のバランスを考えて行動しています。気持ちはよくわかりますが、感情が入るとその判断を誤ることがあるのです。

しかし、この国、そして地域を良くし、**国民、および市民のためを思うならば、自身の感情を抜きにして考えることは必須**であり、その上で様々な情報を精査しながら、本質を見極めることの重要性を感じています。もし地方の議会がまともに機能しているならば、そこに住む住民たちはお互いを尊重することができるが故に、言論の自由の下に自己の意見を保持しながら、社会への折り合いをつけることができるでしょう。

　そして、それができる地域ならば、本来の意味での※多様性と許容性が生まれ、イキイキとした地域の創出ができると私は思っています。そのためには国民も正確に議会の役割を知ること、そして政治に目を向けることが大事で、行政や議会はそれぞれの職務を担うことが大前提なのです。今の世の中は**行政と議会の役割の境界線があいまいになっていることも非常に大きな問題である**と感じています。

　そして、国民の目が届かないからこそ、お互いの忖度という形で決して国民のためにならない政策がまかり通っているのです。

　このように、今の時代は議会の在り方の根幹を知ることで、国民の行動次第では我々の自由と権利を奪われない選択肢を残すことも可能なのです。

　それもすべては**地方の独自性が尊重されている、現存の地方自治法に基づいているから**であり、２０００年にその権利を勝ち取るまで、地方にも国への影響は大きかったのです。

※多様性
ある集団の中に異なる特徴・特性を持つ人がともに存在すること。（ダイバーシティ／diversity）

国が指示する権利を長らくもっていた歴史の中で、なぜ地方にその比重が移っていく流れになったのか。歴史を紐解いて、次章で解説していこうと思います。

街頭演説する著者

第一章　地方自治の歴史

◆江戸時代から明治時代へ

日本とは何か？　国の概念とは？　そう聞かれたら、私は必ず、「人の集合体」と答えます。

人の集合体が市町村であり、市町村の集合体が都道府県であり、都道府県の集合体が国です。結局、人々が共同して作り上げるものが国であり、決して国があるから人々がいるわけではありません。そのため、「日本人を大事にしない国は国ではない」と私は感じています。

地方自治の概念が生まれてきた理由を知るには、豊臣の時代から江戸時代までに完成した統治も含めて歴史を知ることが重要になります。

今の「日本」という概念が生まれる前は、各地域にそれぞれの国が存在しました。例を述べると弥生時代の「※邪馬《やま》台国《たいこく》」などです。各々の地域が国のように独立性があったものの、ヨーロッパなどの大陸と同様に同じ内陸で過ごすが故に、土地の奪い合いが起こっていました。

その後、戦国時代を経て、今の「日本」全体を統一した豊臣の時代から、日本という国と地方の主従関係が始まりました。完成したのは江戸時代です。

※邪馬台国
2世紀～3世紀に日本列島に存在したとされる政権。しかし日本に当時の記録が残っていないため、邪馬台国が日本のどこにあり、人々がどのような生活をしていたのかは、中国の歴史書に書かれた内容から推測するしかない。

幕藩体制という形で、将軍と大名の主従関係が出来ました。つまり、社会体制のあり方を、幕府と藩という封建的主従関係を基点にとらえました。このように一部中央主権と思われる概念が生まれたものの、それぞれの大名が土地を争っていた戦国時代を考えるとこのような構造を作ったのも納得です。結果的に誕生した※武家《ぶけ》諸法度《しょはっと》により、大名は自分の藩の中でしか権威を発揮できないようになったことも戦国の世を終わらせた一因ではあったでしょう。

その時の社会情勢などによっては、このような体制を取ることが必要な時もあるため、必ずしもすべてを否定したいわけではありませんが、国が頭となるような体制は国の権力者が信頼できるか否かにかかっています。

この時代は※参勤交代や米の納税など義務は存在しましたが、その統治を実質担っていたのは現場であったため、地方の自治は認められていました。この時代では、地方の大名次第でその地域の特性を生かすことができ、完全な中央集権ではありませんでした。現代と照らし合わせると、2000年までの地方自治法の時代に近い状態かもしれません。

それでもずっと幕府が中心という構造が続くと、時代によっては統治者の代変わりなどを機に、不満を募らせた民衆からの反発が起こりまし

※武家諸法度
江戸幕府の2代将軍「徳川秀忠」が公布した全国の大名達に規範を示した法令。

※参勤交代
江戸時代において各藩の主である大名や交代寄合を交替で江戸に出仕させる制度。徳川家光によって徳川将軍家に対する軍役奉仕を目的に制度化された。この制度では諸大名は一年おきに江戸と自分の領地を行き来しなければならず、江戸を離れる場合でも正室と世継ぎは江戸に常住しなければならなかった。

た。実際、18世紀には米屋の打ちこわしなど、民衆による大名らに対しての反発が見られるようになります。また、19世紀頃からは、国内ではなく国外に敵が増え、幕藩制度自体の正当性が揺らいでいきました。

１８６７年に幕府は消滅し、※王政復古の大号令により、薩摩・長州・公家の一部を中心とした新政府ができました。翌年から、太政官制という新政府の形式が成立し、五箇条の御誓文によって天皇を中心とした体制が完成します。明治時代の始まりです。

１８６９年には、※版籍奉還によって、大名が形式的に領地・領民を天皇に返還。そして、１８７１年に全ての藩が廃止され、全国に3府３０２県が設置される廃藩置県が政府によって断行されました。しかし、あまりにも画一的な行政区画だったため多くの反発を生みました。各府県には、新たに府知事、県令が中央政府により任命されました。

１８７８年には、※自由民権運動や、徴兵制・学制・地租改正などに対する反政府運動が盛り上がり、住民の不満を鎮めるために政府は地方制度改革の必要に迫られ、その結果、１８７８年に地方三新法が制定され、

※王政復古の大号令
１８６７年（慶応3年）12月9日に発せられた、天皇を中心とする明治政府樹立の宣言。

※版籍奉還
藩主が、その土地（版）と人民（籍）とを朝廷に返還すること。

※自由民権運動
明治時代の日本において行われた、憲法制定や国会開設のための政治運動ならびに社会運動。

一定の地方自治が認められました。府県のもとに郡市町村が設置され、郡長、区長、戸長が配置。また、府県会規則により府県には府県会が設置されました。地方議会の前身です。公選議員が地方税をどのように徴収し、経費に充てるかなどについて議決権を持つようになります。

１８８８年に制定された市制町村制では、市町村に独立した法人格が認められました。※大日本帝国憲法発布後には、府県制と郡制が制定され、府県郡は国の行政機関としてではなく、地方公共団体として機能するようになります。ただし、北海道と沖縄は除きます。

当時の首長の選ばれ方は様々で、町村長は、議会による選挙で選ばれ、知事が認可する、という選出方法。市長は、議会が３名推薦、その中から内務大臣が任命するという選出方法。府県の知事は、中央の官僚が派遣されるという選出方法であり、派遣される人はたいてい※内務省の官僚でした。

当時の地方公共団体は、市町村など小さな地域では住民の自治を認め、市・府県という大きなエリアでは内務省が統制するという方法が取られていました。後に地方公共団体としての郡は廃止され、国の行政機関とな

※大日本帝国憲法
１８８９年（明治22年）２月11日に公布、１８９０年（明治23年）11月29日に施行された日本の憲法。

※内務省
１９４７年（昭和22年）12月31日まで存在した行政機関。警察や地方行政など内政一般を所管した。

っていきます。つまり、一定の地方自治を認めつつも、内務省の統制下にある中央集権的な地方自治制度が整ったのがこの時期です。

その後、大正時代に入り、いわゆる※大正デモクラシーが起こる時期を迎えます。民主化の要求が高まった時期の到来です。その結果、首長を公選にすること、もしくは議会による間接選挙で選出することが検討されました。しかし結局、知事に関しては変化なし。１９２６年に市長は市議会による選出に改められ、また地方議会の選挙権が拡張し、同年に普通選挙制の施行がなされました。

このように、地方自治においても内務省の統制の色を薄くしていくことが検討され一定の効果を得た時期でした。

ここまでの歴史の流れをまとめましょう。

江戸時代を経て、明治時代には天皇が中心の中央集権的な地方自治の仕組みが作られ、紆余曲折しながらその制度が徐々に成立していきます。しかし、大正時代には民主的な意識が高まり、中央集権の特徴を薄めざるを得ない状況になっていきました。このように地方自治というのは、どの

※大正デモクラシー
日本で１９１０年代から１９２０年代にかけて起こった、政治・社会・文化の各方面における民本主義の発展、自由主義的な運動、風潮、思潮の総称。

時代も権力を集中させたい国とのせめぎあいを生じさせるものでした。

◆戦時中、究極の中央集権化が行なわれた時代

その後、時代は戦時中へと移行します。ご存知の通り、究極の中央集権化が行なわれた時代です。より強い中央集権化が行われ、結局、市長は※内務大臣が任命することになり、明治時代に逆戻りしました。それが国民にとって良い制度であったでしょうか？ 序章でも述べたように、友人ですら、本当の意味で疑わなくてはいけない世の中が加速していくことになりました。言論の自由や地方自治が保障されず、国の指示通りに政治が為されるということは、先人たちが勝ち取った権利である人権を失うことだと言っても過言ではないと思えます。

戦時体制の強化に伴い、１９４３年に当時の東京市は東京都となりました。その結果、当時、国の官吏であった都知事が地方自治を担うことになりました。

この時は、東京が「帝都」であることを根拠として国による直轄化が図られていました。また、他の地方でももちろん国の影響は強かったのです

※内務大臣
地方行財政・警察・土木・衛生・国家神道などを管掌した。内務大臣は、中央警察官庁の最高長官であり、全国配置された中央集権型の警察機構を率いていた。内務省の解体・廃止に至るまで、内閣総理大臣に次ぐ副総理格のポストとみなされていた。

が、何より国民の生活に大きな影響を与えたのは町内会・部落会、それに伴う隣組の存在でしょう。

１９４０年９月、内務省訓令※「部落会町内会等整備要領」により、「昔からの隣保共助の美風」に基づいて、村に部落会、町に町内会をつくり、その下に隣組を置くことが決定しました。隣組は１組10世帯ほどの小さな団体ではありますが、回覧板と常会《じょうかい》を通じて日常に深く関わることになっていきます。

回覧板は現代と似ているため想像に容易《たやすい》でしょう。当時の特徴が色濃く表れているのは常会の方です。常会は住民協議の場ではあるものの、むしろ、文部次官通牒「常会ノ社会教育的活用並ニ指導ニ関スル件」からも感じ取れるように、戦時下の住民教育や指導をする場として、「社会教育ノ徹底ヲ図ル為最モ有効適切ナル方途」として活用が促されていました。

そして、１９４１年11月から常会は全国で定例化もされました。この常会は当時の議会よりも高い地位を占めるようになり、公選議員で構成される市町村議会の機能が無効化する自治体も少なくありませんでした。市町村における民主的統制が損なわれる結果となりました。

※部落会町内会整備要綱

「昔からの隣保共助の美風」に基づいて、村に部落会、町に町内会をつくり、その下に隣組を置くことが決定しました。その目的は、住民を団結させて「万民翼賛」を図り、国策を透徹し、経済統制をしやすくすること。

また、町内会は生活用品の供給をコントロールする役割も担っていました。例えば、１９４０年から砂糖とマッチが統制され、その後、統制は米や食料品全般、糸やタオルにも及んでいきます。国民にとって配給品は生活に不可欠であり、町内会からの逸脱は死活問題であるため抜ける人はほぼいなかったと思われます。

それと同時に、町内会には「※防諜《ぼうちょう》」という役割もあり、近所付き合いの会話も「防諜」の対象になっていました。１９４２年発行の『隣組防犯講座　第五輯　防諜』(楠瀬正澄著　人文閣)によると、「今日私の会社から××名応召しましたが、××方面に行くやうですよ」といった会話が軍事情報を漏らす行為になるとされ、または、「いまに××が不足しますよ。戦争で生産ができませんから……今の中に買溜めて置くんですね」といった会話は社会撹乱につながるので、心すべきとされていました。

回覧板にも、近所付き合いの何気ない会話ですら、「若しこんな通信をすれば、スパイの手でどんなに悪用され、どんな大きな不利を招くかも判りません」と記載されるなど、その役割は徹底されていました。

このように、当時は日常的なやりとりにまで監視や統制が及んでいました。今の自由と権利を保障されている世の中では到底想像できないよ

※防諜
敵の諜報活動を防ぎ、秘密の漏洩を避けること。

うな、友人ですら疑わなくてはならない時代を戦時中は過ごしていました。

その後、町内会は※大政翼賛会の下に置かれます。町内会や部落会、隣組に世話人を置くことが示され、世話人は大政翼賛会の支部長の推薦で決まり、全国民的な戦争協力への指導が徹底されるようになります。住民を団結させ、「万民翼賛」を図り、国策や経済統制を進めやすくする目的のために、１９４３年に地方制度が全面改正されました。この改正で、町内会・部落会は行政的末端の補助機関として位置づけられました。

その後、日本が辿って行った末路は歴史の通りです。**自由と権利が国のためにと極端に制限されていた暗黒の時代**でした。

◆戦後の最優先問題は国の復興

そして戦後になり、※ＧＨＱ占領下でこれらの活動は禁止され、町内会の中の一部のシステムのみ残り、現代に至ります。そして、そのまま地方分権が加速します。

その後、日本国憲法で地方公共団体の首長の公選制が定められたことを受けて、１９４７年に地方自治法が制定されました。その結果、住民が

※大政翼賛会
１９４０年10月12日から１９４５年６月13日まで存在した日本の政治結社。日中戦争の長期化に伴って近衛文麿とその側近によって組織された官製国民統制組織。各政党は解党してこれに参加。総裁には首相が、各道府県支部長には知事が就任、行政補助的役割を果たした。

※ＧＨＱ
連合国最高司令官総司令部。太平洋戦争後の日本を占領・管理するための最高司令部として１９４５年東京に設置。

政治参加できるようになり、内務省などの中央官庁のコントロールを排除しました。知事は公選となり、市町村長も同じく公選になり、首長は住民による直接選挙で選出されるようになったのです。そして、同年、内務省が解体されました。その後も、地方自治法は※何度も改正されていますが、現在もそれにしたがって地方自治体は機能しています。

※地方自治法の改正
これまで３５０回以上の改正がおこなわれている。

現在は地方と国が対等の立場であり、地方自治体は独立した機関であるといった認識が当たり前です。しかし、戦後に地方分権の流れに向かったといっても、すぐに現在のような独自性を認められたわけではありませんでした。

戦後直近の最優先問題は国の復興でした。そのため地方は、新たな民主主義制度へ移行することを目指しながらも、復興に伴う事務処理で手一杯となっていました。つまり、戦後復興のために、国に権限と財源、資源を集中させた中央集権型の行政管理が行われていました。

地方自治体は、国が制定する法律や制度・通達等に基づき、付随する事務事業を忠実に実行することが求められました。

それは、省庁ごとに地方自治体に事務を委任し、制度や通達等も細分化されており、地方自治体主導による事務事業の形成の余地はほとんどありませんでした。

地方自治体にとっては、地域振興・福祉・教育など各分野で国の方針に基づき、事務事業の実施を徹底することが必須であり、事務事業を企画する役割は期待されず、実質的には国主導による行政管理の時代でした。その結果、地方自治体が主体性を持って企画することはほぼなく、国の方針に従って着実に実行するだけでした。この時代は、地域間競争の中で企業誘致やインフラ整備等を進めるために、着実な執行管理を遂行する事務事業が必要でした。

しかし、その結果、無事復興した後に都市にヒト・モノ・カネすべてが集中してしまい、地方の過疎化を招いていくという負の遺産を遺すこととなります。そのため、徐々に地方の独自性を活かしていく行政の重要性が浸透していきました。

当時は、※機関委任事務という国の事務を委託され、執行する形に重きが置かれていて、まだ「地方公共団体の事務」という概念はなく、地方自治体は国からの独立した機関という認識もありませんでした。このため

※機関委任事務
地方分権改革以前の観念で、国、他の地方公共団体その他公共団体から都道府県知事、市町村長、各種行政委員会に委任された事務。

機関委託事務に関しては地方公共団体の※条例制定権が及ばず、地方議会の関与も制限されていました。

　機関委任事務について代執行を行うための手続きである職務執行命令訴訟も存在し、国は包括的な指揮監督権を有していました。国は、都道府県知事が機関委任事務の管理執行について違法や怠慢があった場合に、職務執行命令訴訟を経て、主務大臣による代執行を行うことができたのです。そのうえ、実際に使われたことはありませんでしたが、最終的には内閣総理大臣による知事の罷免が可能でした。

　その後、公選による知事の身分を奪うことは不適当であるという理由から、知事罷免制度については１９９１年の地方自治法改正により廃止されることとなります。

　しかし、その後２０００年の※地方分権一括法が施行されるまで、国の指揮監督下にある縦割りの認識は色濃く残っていました。福祉国家としての日本の歩みと共に、機関委任事務の範囲は拡大を続け、特に都道府県の事務の相当部分を占めるに至っていました。

　地方公共団体の公選の首長等を国の下部機関と位置づけていたこの制度は、かねてより地方自治を阻害していると強く批判されていました。

※条例制定権
憲法によって保障された権限。地方公共団体は、法令に違反しない限りにおいて、条例を制定することができる権利。

※地方分権一括法
地域の自主性及び自立性を高めるための改革の推進を図るための関係法律の整備に関する法律。

例えば、地方公共団体は、機関委任事務の実行に関わることについて条例を制定できる余地がありません。そのため、自治体は地域の課題を解決するため、法律の規制を上回る指導要綱をわざわざ制定して対応していました。国と地方において、当時は主従の関係であったのです。

過去、地域の問題であった公害問題に対しても、機関委任事務があったが故に、公害対策に関する条例を制定することができず、被害を防ぐために先ほど挙げたように指導要綱を制定して対応していました。

◆機関委任事務制度の廃止と地方分権改革

このような経験があり、そして、国際・国内環境の急速な変貌に伴う新たな時代の要請に対して、従来の中央集権型行政システムでは的確な対応が困難であることが明らかになったことも背景に、より強く地方分権は求められるようになりました。

そして、１９９９年7月に地方分権改革を目指した改正が行われ、機関委任事務は２０００年４月に地方分権一括法による地方自治法等の改正によって廃止されます。日本の地方自治は中央集権から完全な地方分権に形を変え、国は地方公共団体に対して最低限の関与のみを行い、地方公共団体に対してプレッシャーをかけるようなことはできなくなりました。地方公共団体が処理する事務はすべて地方公共団体が主導する事務となり、かつて機関委任事務とされていた事務の大半は自治事務及び法定受託事務に再編され、一部の事務が国の直接執行、もしくはその事務自体が廃止されました。

機関委任事務制度の下では、都道府県が国の機関として市町村に対する指導監督を行うことが多かったのですが、機関委任事務制度の廃止により、都道府県と市町村もまた対等の関係として位置づけられるようになりました。

法令の解釈やそれに基づく事務執行についても、地方公共団体の責任において行うことができ、自主的な地方自治も認められるようになりました。このように**何度も中央集権化と地方分権化を繰り返し、各時代におけるメリットや反省を反映し、何度も形を変えて個人の自由や権利を享受できる今の形になった**のです。

中央集権であった時代、特に戦時中を経験された人たちは、地方自治法改正案をはじめ、現代の政治の流れに対して警鐘を鳴らすでしょう。少なくとも私は戦時中を経験した祖父母から、その悲惨であった自由のない状況を幼いころに聞いたこともあり、その不自由な状況を生み出しかねない今の世の流れを懸念しているのです。

街頭演説する著者

第二章　２０２４年３月１日閣議決定された地方自治法改正案の中身

1、今回の改正案の概要と問題点

◆改正案の概要

２０２４年3月1日、新たな地方自治法改正案が閣議決定されました。こちらの法案を読めば読むほど、私はその曖昧さから歴史上勝ち取ってきた地方分権という権利を放棄する流れになるのではないかと不安を隠せません。

このような法案が閣議決定されて、国会に提出されるまでには必ず、何度も総会が開かれます。中でも、２０２３年12月15日に行われた総会にて、第33次※地方制度調査会の「ポストコロナの経済社会に対応する地方制度の在り方に関する答申」にて、私の不安はより強いものとなりました。このように開かれている、総会の議事録を読むことで、これを制定しようとしている本来の意図を図ることができるのですが、それは決して国民のために制定しようとしているとは思えない内容でした。

今回の改正案の概要は次のとおりです。

1．※ＤＸの進展を踏まえた対応

※地方制度調査会
内閣府の審議会等の一つ。日本国憲法の理念を十分に具現するように、現行地方制度に全般的な検討を加えることを目的として設置され、内閣総理大臣の諮問に応じ、地方制度に関する重要事項を調査審議することを任務とする。

※ＤＸ
デジタルトランスフォーメーション。企業がＡＩ、IoT、ビッグデータなどのデジタル技術を用いて、業務フローの改善や新たなビジネスモデルの創出だけでなく、レガシーシステムからの脱却や企業風土の変革を実現させること

①情報システムの適正な利用等
②公金の収納事務のデジタル化
2．地域の多様な主体の連携及び協働の推進
3．大規模な災害、感染症のまん延その他その及ぼす被害の程度において、これらに類する国民の安全に重大な影響を及ぼす事態における特例
①国による地方公共団体への資料又は意見の提出の求め
②国の地方公共団体に対する補充的な指示
③都道府県の事務処理と規模等に応じて市町村（保健所設置市区等）が処理する事務の処理との調整
④地方公共団体相互間の応援又は職員派遣に係る国の役割

各々問題を孕《はら》んでいる内容となっていますが、今回の問題の中心であると言える3の部分を特に解説していきます。

1のDXに関しては、個人情報流出などセキュリティー状の観点のみならず、地方と国の情報の在り方の問題にもつながります。3月議会にて、予算特別委員会の総括質疑でも話題に出させていただきましたが、少し前に※フィエスブックや※インスタグラムなど私自身も利用しているア

※フェイスブック
現実の「つながり」をネット上で再現する、つまり、現実世界での知り合い（実際に会ったことがある人）とインターネットでも交流するための世界最大のSNS（ソーシャルネットワーキングサービス）。

※インスタグラム
写真や動画などをメインに投稿できるSNSの一つ。

総務省ホームページより

地方自治法の一部を改正する法律案の概要

○ 第33次地方制度調査会「ポストコロナの経済社会に対応する地方制度のあり方に関する答申」(令和5年12月21日)を踏まえ、以下の改正を行う。

1. DXの進展を踏まえた対応

① 情報システムの適正な利用等

・ 地方公共団体は、事務の種類・内容に応じ、情報システムを有効に利用するとともに、他の地方公共団体又は国と協力し、その利用の最適化を図るよう努めることとする。

・ 地方公共団体は、サイバーセキュリティの確保の方針を定め、必要な措置を講じることとする。総務大臣は、当該方針の策定等について指針を示すこととする。

② 公金の収納事務のデジタル化

eLTAXを用いて納付するものとして長が指定する公金(地方税以外)の収納事務を、地方公共団体が地方税共同機構に行わせるための規定を整備する。

2. 地域の多様な主体の連携及び協働の推進

地域住民の生活サービスの提供に資する活動を行う団体を市町村長が指定できることとし、指定を受けた団体への支援、関連する活動との調整等に係る規定を整備する。

3. 大規模な災害、感染症のまん延その他その及ぼす被害の程度においてこれらに類する国民の安全に重大な影響を及ぼす事態における特例

現行の国と地方公共団体との関係等の章とは別に新たな章を設け、特例を規定する。

① 国による地方公共団体への資料又は意見の提出の求め

事態対処の基本方針の検討等のため、国は、地方公共団体に対し、資料又は意見の提出を求めることを可能とする。

② 国の地方公共団体に対する補充的な指示

適切な要件・手続のもと、国は、地方公共団体に対し、その事務処理について国民の生命等の保護を的確かつ迅速に実施するため講ずべき措置に関し、必要な指示ができることとする。

【要件】個別法の規定では想定されていない事態のため個別法の指示が行使できず、国民の生命等の保護のために特に必要な場合(事態が全国規模、局所的でも被害が甚大である場合等、事態の規模・態様等を勘案して判断)

【手続】閣議決定

③ 都道府県の事務処理と規模等に応じて市町村(保健所設置市区等)が処理する事務の処理との調整

国民の生命等の保護のため、国の指示により、都道府県が保健所設置市区等との事務処理の調整を行うこととする。

④ 地方公共団体相互間の応援又は職員派遣に係る国の役割

国による応援の要求・指示、職員派遣のあっせん等を可能とする。

【施行期日】 1①、2及び3:公布の日から起算して3月を経過した日(1①の一部は令和8年4月1日)
1② :公布の日から起算して2年6月を超えない範囲内において政令で定める日

プリが急に利用できなくなることがありました。デジタルではこのような障害がいつ起きてもおかしくありません。また、もしも戦争などに巻き込まれた場合、何より攻撃の対象になりうるのがこれらデジタル分野であると思っています。アプリケーション障害が実際に起こったことも簡単に混乱を起こすことが可能であるという懸念を強く感じました。災害時にも使用できるようにと謳っているものの、もしかしたらデジタル分野が使用できなくなることもありうるかもしれません。

日本では、※NTT法改正案が2024年4月17日に衆参議院で可決、成立しました。これはNTTの国際競争力を高めるのが狙いで、これまで禁じていた外国人役員も取締役全体の3分の1未満まで認めるよう緩和されました。つまり、情報を扱うこの分野で外国人の参入も可能となったのです。この本のテーマである地方自治法改正案など主要となりうる法案も含め、このように続々と衆参議会での審議、そしてきっと成立していくのではないかと思われます（4月17日現在）。地方自治法改正案では、その解釈次第で地方自治体が持つ情報を国が必要と判断したら、国の指示により渡さなくてはならなくなるケースも出てくるのではないかという懸念もあります。

その際、※マイナンバー制度の運用のために構築している中間サーバー

※NTT法改正案
内閣は3月1日、定例閣議において、いわゆるNTT法改正案を閣議決定した。同法律案は、現在開会中の第213回国会に閣法（内閣提出の法律案）として提出される。

※マイナンバー制度
住民票を持つ全ての方に一人ずつ異なる12桁の番号（マイナンバー）を付番し、国や自治体など複数の機関に存在する個人の情報が同一人物の情報であることを確認し、効率的な情報の連携を図ろうとするもの。この制度は、行政の効率性・透明性を高め、国民にとって利便性の高い公平・公正な社会を実現することを目的としている。

のような仕組みであれば、それが容易にできてしまう可能性も憂慮しています。決してこの制度だけの問題ではなく、昨今提案されている法案すべてと絡めた時に国防の問題から、個人情報の問題までたくさんの懸念が生まれるのがＤＸ化などデジタル関連の問題点であると思っています。

世界の例を見ても、有事が起きた時に一番に狙われるのは国民の情報インフラであり、システム障害だけではなく、セキュリティーをかいくぐって個人情報が流れる危険性、そして情報の書き換えの可能性もデジタルばかりに頼るデメリットとして考えられます。情報の管理を市も担っているので、常に問題が起こりうる想定を念頭に置き、市民の情報をしっかり守るようにしていただきたいと思いますが、それを難しくしてしまう可能性があるのが、今回の地方自治法改正案の問題点なのです。比較的新しい技術であり、まだ運用間もないからこそ、想定外も起こりうる可能性も考慮しなくてはならないと思います。

結果として、資料３の国から地方公共団体への指示とデジタル化を絡めると、国が情報を一元的に管理する流れになりかねないという疑念は払しょくできません。例え、公にはそのつもりはないと言われても、絶対に注視しなくてはならない問題です。

２の地域の多様な主体の連携及び協働の推進への懸念については、本

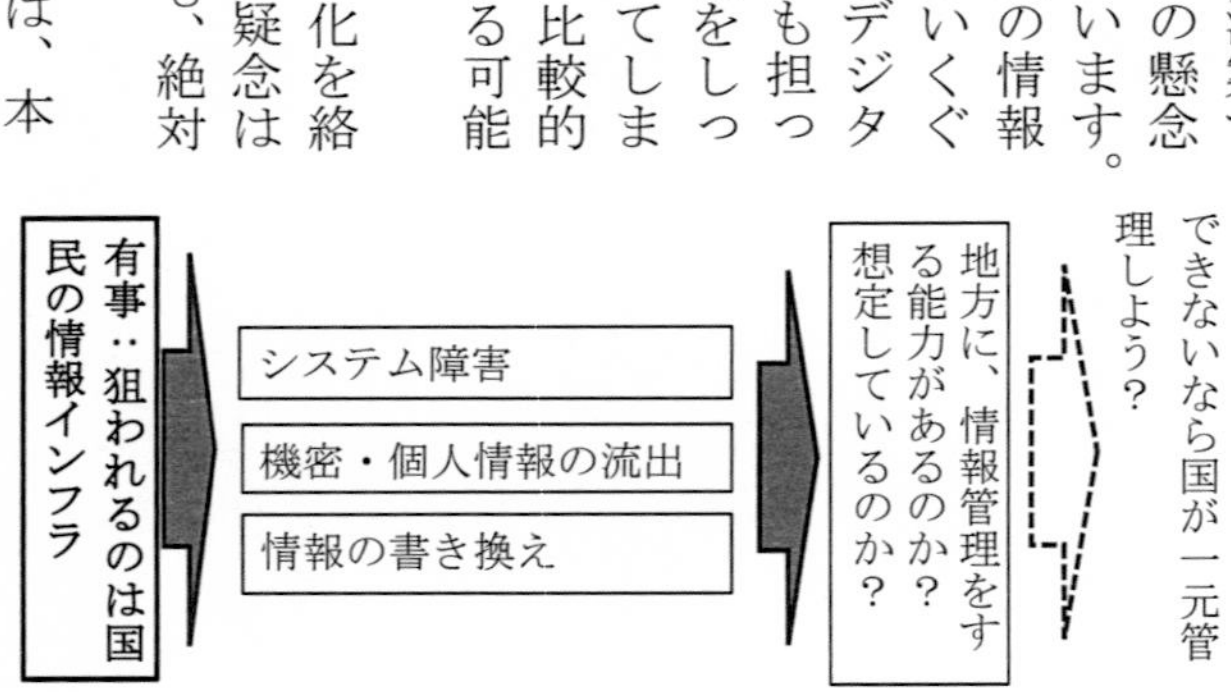
できないなら国が一元管理しよう？
地方に、情報管理をする能力があるのか？想定しているのか？
システム障害
機密・個人情報の流出
情報の書き換え
有事：狙われるのは国民の情報インフラ

書69頁記載の第二章の3にて詳しく解説しております。

地方自治法改正案の何よりも問題となる部分は、国から地方への指示権という部分です。そのため、「資料3：大規模な災害・感染症のまん延その他その及ぼす被害の程度に置いてこれらに類する国民の安全に重大な影響を及ぼす事態における特例」の中身を何よりも知らなくてはなりません。

　これは簡単に説明すると、記載の条件に当てはまると内閣が判断したとき、**閣議決定のみで国が地方公共団体にこれまでの助言にとどまらず指示ができる**ようになります。つまり、これまでに作り上げてきた権利である国と地方の対等な関係性を破壊することとなりうるという問題を孕んでいるのです。これまで様々な問題を経て地方分権化が進み、2000年に地方が国と対等となり、その地方を活かした独自性を遺憾なく発揮できるようになったという第1章で記載した歴史の流れと逆行してしまいます。

　国民の生活を身近に感じ、問題が起きた時、迅速に対応ができるのは現場を知る地方公共団体です。現場を見ていない国が、地方に対して一元的に指示を出すことで、起きてしまった問題を解決することは決してでき

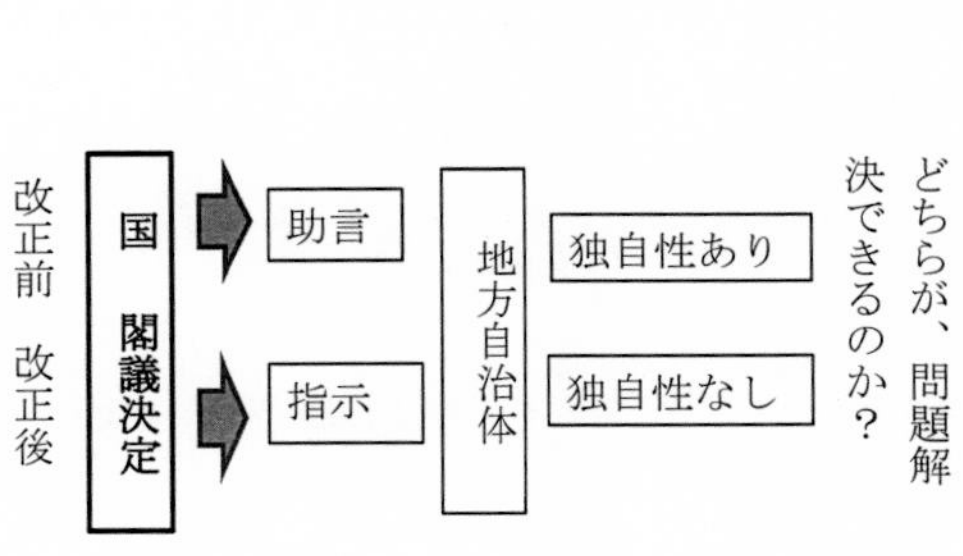

ると は思えません。

その理由も併せて、次項から詳しく解説していきます。

◆改正案の問題点

前項でもお伝えしたように、２０００年に得た地方の権利を失う可能性があるという懸念が、今回の地方自治法改正案の争点です。その問題部分が、資料中の３に記載の内容になります。

これは現状の法律案に新設される部分となりますが、新たに第十四章として設けられた「国民の安全に重大な影響を及ぼす事態における国と普通地方公共団体との関係などの特例」という部分がこれに当たります。もちろん、私以外にも問題視している方はおり、彼らが例外なく重点を置いているのがこの部分です。

中でも自治総研通巻５４５号２０２４年３月号における今井照さんのコラムに私は同意する部分が多く、参考、引用させていただくと次のような懸念が生まれます。この一番の問題は先述したように国が地方に指示ができることでしょう。これは答申でも言われていたようですが、「法整備を視野に入れつつ検討を進める」とのことで、指示権の拡大に伴い、国

※拡大解釈
法文で用いられている言葉の意味を通常の用法よりも広く、拡張して解釈すること。

と地方が主従関係に逆戻りをしてしまうのではないかと懸念されます。
改正案は「大規模な災害、感染症のまん延その他の及ぼす被害の程度において、これらに類する国民の安全に重大な影響を及ぼす事態が発生し、又は発生するおそれがある場合」に対する「特例」として、国が閣議決定を経て「補充的な指示」をできるとしています。「」内の要件を読んでいただくとわかるように、その条件が非常にあいまいな表現となっており、その「おそれ」を※拡大解釈して乱用される懸念が生まれます。

また、今回の改正案は※法定受託事務と※自治事務を区別していません。2000年に施行された地方分権一括法で「機関委任事務」が廃止されたことは前章でも書きました。その後、国が自治体に「法定受託事務」と「自治事務」を委ねることとなりました。法定受託事務について自治体側に違法などがあれば国は「是正の指示」ができ、最終的に訴訟を経て国が代執行できます。自治事務については「是正の要求」にとどまりますが、災害対策基本法や感染症法など個別法で国の指示権を定めることができるのです。

個別法とは、基本法に示された方針に基づいて、個別分野における政策実現のために制定されるものであり、それは個々の制度の具体事項や国

※法定受託事務
国または都道府県が本来果たすべき役割にかかわる事務であるが、利便性や効率性を考えて、「国から都道府県・市町村」あるいは「都道府県から市町村」に委託された事務。例えば、国政選挙、生活保護の決定、旅券交付、国道の管理、戸籍などの事務。例えば、地方選挙（県議会選挙、知事選挙）にかかわる事務。

※自治事務
地方公共団体が処理する事務のうち、法定受託事務以外のもの。

民の具体的な権利義務等が担保措置を伴った形で定められます。つまり、規定された条件下での発動のみ行われ、それが終了した時点でその発動は終了します。極めて限定的な措置の法です。

今回の地方自治法は「基本法」と言って、国政に重要なウェイトを占める分野について、国の制度・政策等の基本方針が示されるものです。条件が限られる個別法ではなく、大本の基本法自体を変更しようとしているのです。

もし、今回の条件において新しい法律が必要なら、個別法を改正することで対応できるはずです。なぜなら、大災害発生時においても感染症騒動下においても、現実にはそのように対処されてきました。常に「個別法が想定しない事態」であったはずであり、これまでその都度、立法にて処理され、現行の地方自治法の一般ルールの範囲内でこれまで対処してきたのです。

それは2023年12月の地方制度調査会の答申からも、そのように読み解けます。新型コロナの感染症危機で「さまざまな局面において従来の法制で想定されていなかった事態が相次いだ」と答申しています。

駅前で街頭演説する著者

その例を挙げると、自治体から感染動向の情報が迅速に提供されないとか、国から大量に発出された通知に現場が対応できなかったとか、営業時間制限で都道府県との調整が難航したなどだそうです。しかし、これは政府と自治体双方の対策の不備が原因であり、決して基本法を改正する理由に当たりません。実際に動くのは自治体の現場であり、国の指示で解決できることでは決してありません。

この騒動の初期、その病気自体がどのようなものであるかはともかく、その対策においては、どのように情報を収集し、報告をしてもらうかは誰であろうと試行錯誤だったはずです。

実際、保健所などに事務業務の負担は大きくかかり、自治体にとっても極度に事務が集中したセクションでできることは限られていました。仮に、国が「指示」をしたからといって解決することではありません。

むしろ現実では、国から自治体への情報提供要請の内容やコロナ禍政策の執行方法が毎日のように変化し、国が用意したシステムやアプリも直ちには使い物になりませんでした。結果的に、自治体が国に振り回され

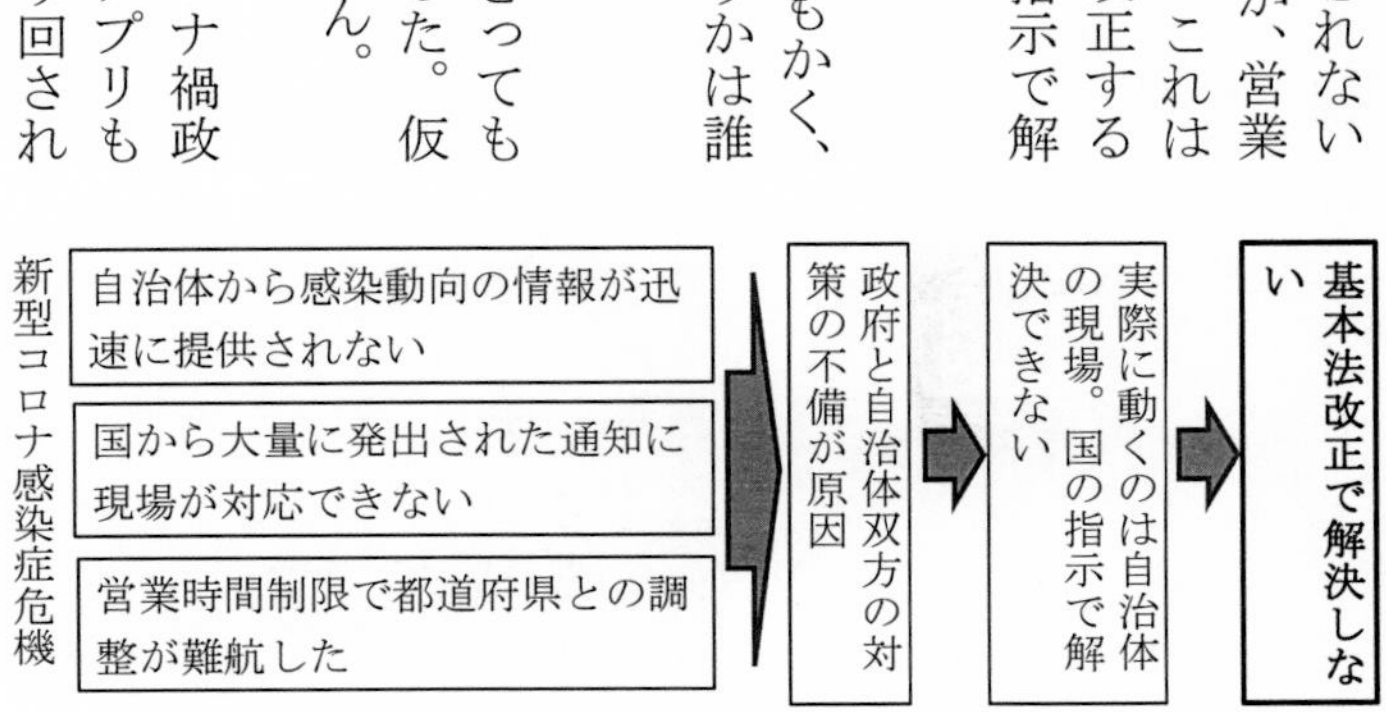
新型コロナ感染症危機
自治体から感染動向の情報が迅速に提供されない
国から大量に発出された通知に現場が対応できない
営業時間制限で都道府県との調整が難航した
政府と自治体双方の対策の不備が原因
実際に動くのは自治体の現場。国の指示で解決できない
基本法改正で解決しない

た形となっていたはずです。
情報経路は時間をかけて徐々に整備されましたが、これは過去の反省を生かして、今後整備していくべき事柄であり、決して指示権の問題とは関係ありません。むしろ指示した事柄の実行を自治体に義務付けることで初動の遅れと混乱を招きかねません。

私は国が※有事に指示を出すという考えに対して、いささか疑問を覚えます。
なぜなら、本当の有事こそ、先ほども出てきたように現場をすぐに見ることができる、地方行政と地域に住む住民たちが助け合い、その地域に必要なことを独自性をもってやるべきであり、現場を見ていない国が何をできるのか不思議でならないからです。逆に、国が介入することで、コロナ禍で地方が国に振り回された形となったように、混乱を生みかねないと懸念します。そのため、今回の改正の必要性について様々な答申を読み、いくら説明を受けても納得がいかないのです。

また、国は必要性を主張する一番の理由に※ダイヤモンドプリンセス号の時の患者移送について例を挙げて語ります。これは、移送について都道

※有事
は軍事的危機だけでなく経済危機、人為的大事故、自然災害、社会的大事件などの緊急事態を総じて「有事」と呼ぶ。

府県の区域を超えた対応が必要となったとき、国こそが調整役を果たし、また、国の要請により都道府県に都道府県入院調整本部が設けられたことを挙げています。

これらの事例も、国が指示権をもっているか否かは関係ありません。国と自治体間の調整によって運用を行うことができ、この件はこれまで経験したことがない事態でもなく、個別法によってルールが明記されていたわけではないものの、一般ルール内にて国と自治体間で協議と調整の結果実行されました。決して、国の指示が必要なほど、どこかに非協力的な主体が存在したわけではなかったはずです。

もう一つ、国が必要性を訴えるための事例があります。それは、「新型インフル特措法に基づいて、使用制限を要請する施設の範囲や、営業時間の短縮を要請する時間帯について、国と都道府県との間で考え方の相違によって調整が難航した事例」です。

これは当時の厚生労働大臣と都知事間での、経済活動を強い目的にしたか、あるいは感染防止のためのリスクを強い目的としたかの意見の違いで起こり、国と都との間で、結果的には調整されていました。**政治では異なった意見が顕在化し、調整することに意義があります。**このように調

※ダイヤモンドプリンセス号
プリンセス・クルーズ社によって運航されている外航クルーズ客船。
香港で下船した男性が新型コロナウイルス感染症（COVID-19）に罹患していたことが確認され、横浜港に入港した後、乗客や乗員の感染が相次いで明らかになり、乗っていた３７００人余りのうち７１２人が感染し、13人が死亡。当時はまだ新型コロナの検査や治療体制が確立していなかったうえ、関係国の責任の所在もあいまいで、乗客が船内に長期間隔離される事態となった。

整される流れになっているならば、政治としてはしっかり機能している証拠でもあります。

それを国側が大変だった経験から備えたいとするならば、このように議論が起きることが大変だと思っているのと同義ではないでしょうか？つまり、**自分たちの意見しか認めないと言っている**としか、私は思えないのです。

今回の答申には、今回焦点とされている国の補充的指示権創設の根拠として、トータルで7事例挙げられています。しかし、どの事例も、その後には個別法改正を含めて対処されており、想定できない経験をするからこそその反省を生かすことしかできず、結局今回のように改正をするのではなく、**既存のルールで十分である**と思われます。

仮に、個別法に穴があったとしても、先述したように想定外の事柄であるからこそ指示が不明確となり、現場から離れている国が適切な指示が出来るとは到底思えないのです。

また、それが個別法で想定されている事態であったとしても、原子力発電所で起こった災害のように、それぞれの主体が初めて経験することであったからこそ、多くの混乱を招きました。これは、事前の想定が空論に近かったからこそ混乱が起きたのであり、たとえそれを想定外として**国の指示権を設けたからといって、何も解決しない**でしょう。むしろ、現場の混乱を再び招き、被害を大きくする恐れもあります。

何より対処ができるのは現場から離れている国ではなく、現場を直に感じられる地方です。そのため、過去の歴史を振り返っても、中央主権化を経て、改めて地方分権の重要性は理解され、その度に繰り返し地方分権化が進められてきたのです。中央集権をしたいのは権力を有する国であったということも、歴史から感じられます。

昨今の内閣を見ていても、様々な決定を任せるには不安要素しか感じません。※裏金問題も然り、国民への説明責任は果たさず次々と行われる増税や、税金の使途の不明瞭さもあります。このようなことを簡単に行ったにもかかわらず責任は取りません。国民に対して、礼を欠く人たちが行なっている政治であるからこそ、今回の地方自治法の改正により国が指示権を得ることに対して懐疑的に思ってしまうのです。

※裏金問題
自由民主党5派閥における政治資金パーティーをめぐる政治資金収支報告書への過少または不記載をしたこと、および各派閥の所属議員が販売ノルマを超過して集めた分の収入を『裏金』として国会議員にキックバック（英語版）する運用を、組織的に続けてきた問題。

そして、先ほども述べた通り、答申でも根拠となる事例を基に提案していますが、それが根拠になるかは疑わしく、なぜこのような重要な法の改正案をここまで無理に進めようとしているのかという部分で疑問が残ります。

いずれにしても、現存の法のままで従来のように個別法での対応で十分であるとしか思えないのです。

2、補充的指示権とは？

◆修正案を制定した人の認識と考え方

現段階（２０２４年４月17日現在）では国会の審議の前であるため、その情報はこれまで行われた総会での答申、そして、提案者の説明から読み解くしかありません。今後たくさんの質問と答弁の内容で修正があるかもしれませんが、これを制定したい人たちの認識や考え方は今後国会内で出てくる内容ではなく、これまで行われた答申にこそ、色濃く反映されていると考えられます。

実際、私自身も議会にいると、当初の提案理由が議会を通して、賛成票

を得るために変化していく様を見ていました。つまり、結局反対されてしまったら元も子もないので、先にとにかく形だけでも通してしまいたいと考えがちなのが、今の執行側の思惑です。新規案件として真っ当に通すまでには、その説明に労力がかかり、新規だからこそ生まれるたくさんの質問たちへの答弁の用意が必要です。それに頭から否決されたら、入口ですら何もできなくなるという警戒感もあります。これら様々な要因から国会での回答をする際、**本来の目的を隠しながら、同法案を通過させようとしてくる**はずです。

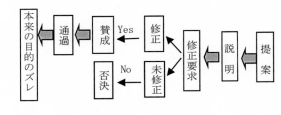

　そのため、当初の答申が本来の目的だと考える私は、この後の回答より当初の目的からどのように阻止するかを考えます。

　仮に通過する結果となっても、相手の目的さえわかれば、それを発議させる条件をがんじがらめにできるはずです。ただし、そのためには世論の目がそこに向くことがまず必要なのです。

　序章でも述べましたが、彼らが何よりも恐れているのは、国民の目が彼らに向くことです。**メディア、社会のシステム、教育などすべてを使ってそれを阻止しようとします。**昨今メディアのきな臭さに気づく人が、この３年間の感染症騒動を経て多くなったのではないでしょうか。

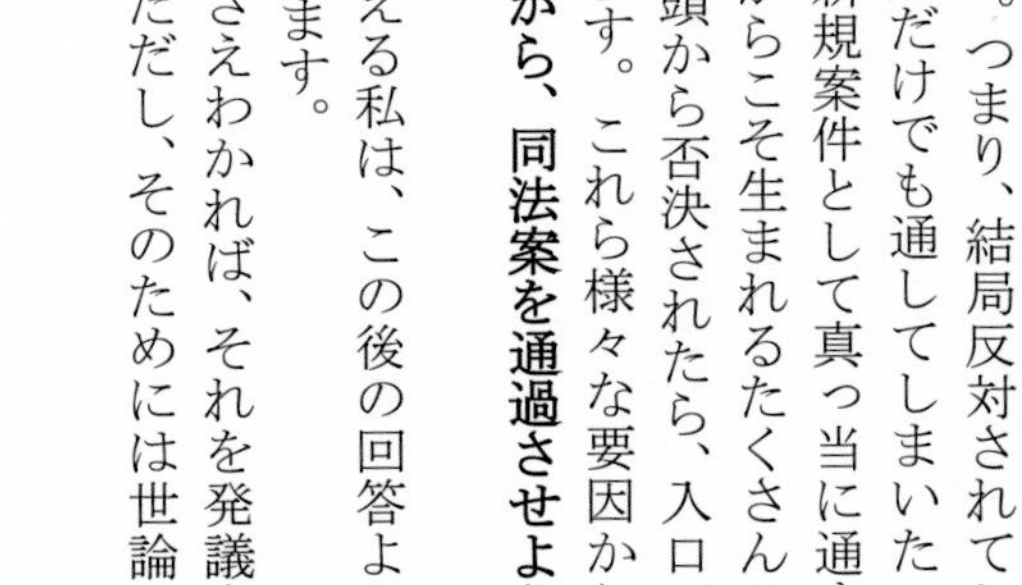

メディアなどがあからさまに偏向的な報道をしていることも一因ですが、やはり**大きな社会的問題が起きると世の中に違和感を持つ人たちが増えるのは歴史の常**なのでしょう。

しかし、違和感を持ったとしても、そこで止まってしまっているのが現状ではないでしょうか？　確信を持てないため、自身の意見も含めて発言することが憚《はばか》られてしまいます。

私の実感として、何かおかしさを感じている、人の数はどんどん増えています。しかし、まだまだ世の中の流れに興味がない人が大半ではありませす。なぜ興味が持てないのでしょうか？　そこは社会のシステムの問題でしょう。あまりに忙しく過ごすしかなくなり、考える時間を持つことができない世の中ではあります。

そして、仕事がお金を得るために苦痛を我慢しなくてはならないという無意識な思い込みが、自身の在り方を考えることを阻《こば》み、ますます世の中の問題に目を向けることができなくなっています。

本当は皆、今のまま過ごしていることに不満を持っているはずです。しかし、そこから抜け出す方法がわからないのです。一度抜け出すことがで

駅前で、市民と話す著者

きたら、あっという間に周囲との関係も全てが楽になることでしょう。

難しいと思われているこの行動ですが、その**一つのきっかけが政治に目を向けることです**。このシステムを作っているのが今の政府であるならば、彼らの動きをしっかり注視することが必須となります。そして、彼らがなぜその法案を通したいかを知ることが重要なのです。最初の提案にこそ、政府の本当の目的がふんだんに組み込まれているものです。

◆「補充的指示権」の本当の意味

さて、今回の重要事項である「補充的指示権」。答申では「地方公共団体の事務処理が違法でなくても、国の補充的指示権が発動される」と明記されています。今回、元々国が関与していた法定受託事務のみならず、地方独自であった自治事務も含まれると、総務省は２０２３年11月７日の国会で答弁していました。つまり、この段階で発動の対象が全ての地方自治の権利であり、彼らの認識がここからもよく読み取れるのではないでしょうか？

先述した今井照さんのコラムからも重要な懸念が掲載されておりまし

たので再度参考・引用させていただきます。

「補充的指示」という言葉ですが、これは10月23日に第20回専門小委員会に提出された「審議項目2関係資料」によれば、「個別法ではなく、一般法に基づいて国が権限行使を行うのは、個別の危機管理法制では類型化しきれず、対応できない事態が生じた場合に、とりこぼしを防ぐという補充的な観点」という文章で使われていた概念と同義であると思われます。一般的には補充と言われると、別で強い指示が行使されたときに、それに付随する細かい指示のように、つまり**補充的に行われる指示のように受け止められます。**

しかし、むしろ発議の条件下では、原則的指示では対応できない事態が生じると考えられ、そのため、より強い指示を出すのではないかという懸念が生まれ、**「補充的指示」という名前を付けることで、その指示のイメージを和らげようとしている**ようにも思えます。

また、過去日本では機関委任事務が存在していました。そして、自治体の事務の一部に対する国の※指揮監督権が主張されていました。しかしその時ですら、それはその機関委任事務の範囲内だけであり、非常に限定的

※指揮監督権
上級機関が下級機関に対してその職務の統一を確保するために有する権限。

でした。

また、より民主的な行政運営のために、地方の首長が国の機関の一部であるという考え方は消滅しました。日本国憲法に違反するような国法の執行には抵抗する権利を持ちながら、全ての自治体が国と共に日々の行政を執り行っています。

しかし、今回の答申には、先述したように「地方公共団体の事務処理が違法でなくとも」発動できます。今回の発動条件は閣議決定のみであるというのもここで重要な問題点となります。国会の審議を経ることがないのです。

後でも詳しく説明いたしますが、閣議決定とは、内閣がまだ審議内容を上程した段階です。そのため、閣議決定のみで行われるということは、国法を超えて各大臣が自治体に対して補充的指示権を発動することを宣告したと同義なのです。この法案自体も現段階では閣議決定された状態です。

今回、その要件として「国民の生命、身体又は財産の保護のために必要な措置の実施の確保が求められる場合」とあります。しかし、これを解釈するのも各大臣なのです。そのため、これらの事柄から法改正後に機関委任事務においてなされていた包括的な指揮監督権が復活する危険性も考えられます。

先述したようにその範囲は、法定受託事務のみならず自治事務も含みます。そのため、自治体の仕事全般に対して各大臣が補充的指示権を行使する可能性があります。ここが一番の問題であり、何より地方自治の根幹を揺るがす問題になると捉えられます。

このように答申から懸念される考え方も理解しながら、仮に新たにこの補充的指示権というルールが基本法に盛り込まれたとしましょう。

その際、定められた要件が抽象的であるからこそ、大臣たちが決断する責任の重さを感じ、実際に行使されることは少なくなるという希望的観測も成り立ちます。しかし、その場合は、**発動されたときにより強く地方に対する脅しという効力が発揮される可能性**を私は懸念します。

実際、感染症法・新型インフルエンザ特措法が改正され、これにより自治体に対する国の関与強化は行われました。しかし、それ以前に定められ

小田原市議会に出席する著者

するのも各大臣なのです。そのため、これらの事柄から法改正後に機関委任事務においてなされていた包括的な指揮監督権が復活する危険性も考えられます。

先述したようにその範囲は、法定受託事務のみならず自治事務も含みます。そのため、自治体の仕事全般に対して各大臣が補充的指示権を行使する可能性があります。ここが一番の問題であり、何より地方自治の根幹を揺るがす問題になると捉えられます。

このように答申から懸念される考え方も理解しながら、仮に新たにこの補充的指示権というルールが基本法に盛り込まれたとしましょう。

その際、定められた要件が抽象的であるからこそ、大臣たちが決断する責任の重さを感じ、実際に行使されることは少なくなるという希望的観測も成り立ちます。しかし、その場合は、**発動されたときにより強く地方に対する脅しという効力が発揮される可能性**を私は懸念します。

実際、感染症法・新型インフルエンザ特措法が改正され、これにより自治体に対する国の関与強化は行われました。しかし、それ以前に定められ

小田原市議会に出席する著者

ていた国の権限も、現実的には行使されなかったわけではありませんでした。

◆国と地方は対等であるべき

「国と地方が対等であるべき」という認識がまだまだ薄いのではないか。これは、私が議員になってから他の議員に言われた「国の内容は、地方で話すべきではない」という言葉からも感じ取れます。まず、本当に国の内容は、地方とは無縁なのでしょうか？

国と地方は対等であっても、法定受託事務が存在し、国が行なうべき事柄を地方自治体が担うこともあります。しかし、過去の機関委託事務とは異なり、法定受託事務の内容は、今では地方独自で作成できる条例の対象になっている上、法的手続きなども残されています。つまり、指示を聞くことが難しいと現場が判断した時、適正な方法を使うことで国の影響を最低限にすることができる手段が残っているのです。

これが地方の肝であり、地方が独自性を担保されていると私が感じているという所以です。つまり、国の動向も地方と無縁ではないからこそ絶対に知らなくてはならず、それが市民にとって不利益であるならばしっかりと市民の権利を守るために地方は動かなくてはなりません。そして、**国との関りが地域に馴染まないものであれば、適正な手続きを経て、地域独自の政策を行う必要性も考慮すべきである**、と私は考えます。

また、今回の問題点はそれだけに留まってはいません。国が指示権を行使した後のプロセスが明記されていないことも問題です。国が指示をすれば、自治体は指示の通り動くのでしょうか?

しかし、それは今回の改正案の発案理由と矛盾を生じます。今回の改正案が発案された前提として、**今あるルールでは自治体が動かないという前提があった**はずです。だからこそ、指示権を発動しようとしていたのではなかったのでしょうか?

この場合2通りの問題が考えられます。1つは自治体が国の決定に納得していない場合、もう1つは現実に自治体が対処できない事態が起きている場合です。この場合、指示権が行使された後のプロセスの明確化は必須であると感じます。すでにできる想定に対して、出来る限りの考慮

◎今あるルールでは自治体が動かない場合

- 自治体が国の決定に納得していない場合
- 自治体が対処できない事態が起きている場合

をしてもらわなくてはなりません。

私が国会の審議前に本書を出版しようと思ったのも、その内容はもちろんのこと、そこから考えうる懸念事項を知らなければ、まともに質疑ができるはずがないからです。

また、何が問題かを国民自体も明確に知っていないと、反対することが難しくなるだろうと思っているからです。

指示権が基本法に制定された場合、その後のプロセスで準用されうる方法として、自治事務に対しての指示のみならず、代執行という過去に行われたことのある国の関与が創設される可能性もあるでしょう。ただし、現在は地方自治法２４５条において、代執行は出来る限り行わないとして、曖昧な表現でその余地を残しているものの、実行可能な範囲は法定受託事務のみなのです。

今後、これらの事柄も国会で審議されていくことでしょう。しかし、明確に何が問題かを知らないと質問すらもできずに、国会が終わります。

このようにたくさんの懸念がされる今回の改正案ですが、至る所に問題を孕んでいることについて、徐々に理解を深めていただけているのか心配です。

何よりの問題は、条文があまりに曖昧な記載が多いことです。曖昧であることは、法の解釈に、たくさんの余地を生みます。また、条件のような有事を迎えた時、国が自治体に指示することは、現場の混乱を生みかねないのではないかといった強い懸念があり、地方こそ有事に迅速かつ丁寧に対処できるのではないかと考えます。また、有事では常に物事の判断の迅速さを求められます。

有事における地方の負担を考えると、国は迅速に指示を出すために話し合いの場を設けることは難しくなる可能性もあり、国の指示を疑問に思う間もなく地方自治体は従わざるを得ない状況が生まれる可能性もあります。その結果、実質地方が現場で必要と判断しても、閣議決定という名のもとに30人ほどの大臣含む閣僚の判断を支持として反対の意見を出されたときに対抗する術をもたなくなります。

これらのことから、有事において効果が得られず、逆に平時において国からの「脅し」を容認する結果となりかねません。過去の機関委託事務の復活に近いのではないかと強く懸念します。

3、地域の多様な主体の連携及び協働の推進への懸念

◆特定の団体に政策具申権を与え、財政支援をするための法律？

国が個別法の制定をせずとも、地方に指示をする権利を持つことができ、その発動条件が閣議決定のみであることへの危険性は、すでに強く感じてくれていることでしょう。

次の懸念点として、「地域の多様な主体の連携及び協働の推進」という部分に焦点を当てましょう。

内容は、地域住民の生活サービスの提供に資する活動を行う団体を市長村長が指定できることとし、指定を受けた団体への支援、関連する活動との調整等に係る規定を整備すること（内閣府ＨＰより）です。

これまでも民間団体との連携はすでに行われていましたが、今回の改正での懸念点は、「法律上も、市町村の判断で、その位置づけを明確にす

ることができるようにする選択肢を用意して、活動環境を整備していく」と、「法律上も」とあえて明記した部分です。しかし、答申では**何を法制化したいのか明らかにされていません**。この後の国会で誰かが訊いてくれることを期待するのは、実質難しいと思います。

今回、地域に※プラットフォームを作ることを目的としているのでしょうが、これは元々自治体や地域にすでに存在しています。

私の住む小田原でも、このような活動は市と協働する団体も含め、非常に活発化しています。中には、すでに市町村が構築した地域組織も少なくはありません。

従来の地方自治法でもしっかりと機能していた内容でしたが、今回あえて法律も絡めて改正する理由が見当たりません。答申内容から読み取れる「自主的かつ多様な取り組みを基本として展開を図る」という目的があるならば、これは条例で規定すべき事柄です。あえて国法で制度化する必要はなく、仮にどうしてもこの内容で進めたい場合でも、制度化の危険性を頭に置きながら進めるべきです。

※地域プラットフォーム
地域の企業、金融機関、地方公共団体等が集まり、民間資金等活用事業のノウハウの取得と案件形成能力の向上を図り、具体の案件形成を目指した取組みを行う活動の場。

矛盾をはらむ答申内容などを見ていると、一定の要件を満たした団体を条例に位置付け、意見具申等を通じて団体の意見を市町村の政策決定に反映させ、市町村から団体に対して必要な支援を行うこととあります。**これは特定の団体に政策具申権を与え、財政支援をするために法律上で規定する必要があると訴えたい**のではないでしょうか？　しかし、本当にそれでいいのでしょうか？

このプラットフォームで強く懸念しているのが、戦時に向けて制度化された「部落会町内会」と同じ機能を果たしかねないのではないかと感じることです。

１９４０年9月11日の内務省訓令第17号「部落会町内会整備要領」によると、戦時体制に協力する「部落内町内会」に対して、ある種特権的地位が与えられたのです。部落会町内会は、常会が議会よりも高い地位を占めることがあります。そのため、議会よりも高い地位を占めるようになったり、公選議員で構成されている市町村議会の機能が無効になる可能性も孕んでいます。

何度も言いますが、私の中では**地方自治法があるからこそ、我々の自由と権利は保障されていると感じています。**このまま日本という国がおかしくなっても、地方は独自の方法が可能なのが現代であり、我々は思っている以上に自由になっています。

結局、理念的にも国民の拒否と反発を起こしそうな法制化は、非常に危険性を伴っています。法制化されないことが一番ですが、もしされたとしてもその条文を注視し、しっかりと細かいところまで明確に答弁をさせ、少しでもその発動の条件を狭めることが重要なのです。

いくら、「指示権を発動した途端に国と地方公共団体の関係が一方的にならない」と現政府が回答しようと、答申内容のみならず、実際政府がこれまで行ってきた政策、そして起こしてきた問題を見ると一切信用ができないのです。

今はまだ国会審議前で不明な点が多い中で出版をした理由も、何が懸念点となるのかを明確に知ることで、仮に決定したとしても発動の条件を鎖でしっかりと縛り上げることができるからです。

今、政治に目を向けることで国民の不利益が多い税金の使い方は是正されてくると思います。

また、今回の改正案はただ地方自治法だけにとどまるわけではありません。

昨今同時に閣議決定された法案、また、すでに審議も経て決定された法案、そして、憲法改正へと続いていくのです。

地方自治法改正案についての過去の
著者の街頭演説の案内

第三章　奪われゆく日本の自由と権利

1、「最後の砦」なのか、『最後のとどめ』なのか？

◆地方自治は「最後の砦」

地方自治法改正案。何度もお伝えしたように、私にとっての「最後の砦」は地方でした。

今回の地方自治法改正は前々から言われていましたが、なかなか情報が表に出ませんでした。本来なら地方も国民も他人ごとではないため、メディアでしっかりと扱わなくてはならない内容です。重要なものほど表に出て来ませんが、少し調べると実は公表されています。つまり、我々国民こそが政府の動向を注視しなくては、気づかないうちに政府の都合のよいように決定してしまうのです。

今回の地方自治法改正案の流れも同様です。前章までは懸念点を解説しましたが、それを要約すると次のようになります。

・政府が非平時（有事）であると決定した際、個別法に規定がなくても国が自治体へ法的義務を含む必要な指示ができるようにすることを柱としている。

・それは閣議決定という手続きを取り、明確な定義を持たぬまま政府が

※地方自治法
第1条
この法律は、地方自治の本旨に基づいて、地方公共団体の区分並びに地方公共団体の組織及び運営に関する事項の大綱を定め、併せて国と地方公共団体との間の基本的関係を確立することにより、地方公共団体における民主的にして能率的な行政の確保を図るとともに、地方公共団体の健全な発達を保障することを目的とする。

非平時（有事）と認定したら非平時（有事）となる。
・そしてその結果、自治体に法的義務を持つ指示を行えることを規定する内容であるが故、地方自治体の独立性を担保できなくなる。

何度も言いますが、地方自治は「最後の砦」です。※地方自治法第１条において、地方自治の能率的な行政の確保と地方公共団体の健全な発達の保障がなされています。また、※同法第２４５条の３において、地方自治体への国の関与を必要最小限のものとする規定が元々あるのです。これらは、地方自治体の独立性がしっかり担保できる法です。

そのため、大阪府泉大津市の南出市長、兵庫県明石市の泉元市長、今話題の広島県安芸高田市の石丸市長のように、独自の方法で発信、そして地方に即した政策を行うことが可能となっていました。今回の改正法案は、**あまりにも曖昧であることから如何様にも国に権力を集中させることができるきっかけを作りかねない**ものです。

そもそも、仮に非平時（有事）があった際には、現場である地方が素早く動かなくてはならないでしょう。

※地方自治法
第２４５の３
（関与の基本原則）
国は、普通地方公共団体が、その事務の処理に関し、普通地方公共団体に対する国又は都道府県の関与を受け、又は要することとする場合には、その目的を達成するために必要な最小限度のものとするとともに、普通地方公共団体の自主性及び自立性に配慮しなければならない。

国が主導して、その判断を待つということは、初動の遅れを生む可能性もあります。

そもそも、現政権に対してそのような素早い動きを期待できるでしょうか？

むしろそのような時は国に権力を集めるのではなく、現場で国民と共にすぐに対応できる地方自治体に権力を分散した方がよいのではないでしょうか？

国民に近いのは地方自治体であり、非平時（有事）の時こそ行政と民間の助け合いが必要であるため、何より現場が重要となります。

果たして、彼らの閣議決定は国民のために行われるのでしょうか？

彼ら政治家の権力維持のために使われないと皆は信じることができるでしょうか？

正直に言うと、私は全く信用できません。だからこそ、前章までお伝えしたようにたくさんの事柄を懸念しているのです。それは、私だけではあ

小田原市議会で質問に向かう著者

りません。この法案の内容を読み、同様の懸念を抱いている人はたくさんいます。

国の言いなりになるのが地方ではありません。我々は長年かけて、今のように地方や私たち個人の自由と権利を得ることができました。

地方では、その地域の特性と住む人々に合わせた独自性を持つことが重要です。それは地域、そしてこの国の美しさとポテンシャルを知り、それらをしっかりと生かすことにつながります。結果として、自然と人間の共生も可能となり、日本という地の美しさを際立たせます。これは古の日本人がなにより大切にしてきたことであり、日本人だからこそ可能なのではないかと私は感じています。

今、他国が日本の土地を買収、もしくは大規模に借り上げている現実を知っているでしょうか？ ※メガソーラー問題をはじめ、その結果起きた出来事にも現れているように、日本人に固有の自然との共生という概念は、民族の歴史からも他国の民には難しい考え方なのだろうと感じます。

※メガソーラー問題
メガソーラーの工事が不適切であった場合、環境破壊のリスクが高まるほか、パネルの設置に伴って大規模な土地を利用するため、環境や生態系への影響が懸念されること。

余計なことをして壊すのではなく、人間がこの美しさの中で生命のありがたさを知り、自分たちの在り方を考え、地域を作り上げます。私は地方でこそそれが可能であり、それこそが地方の独自性なのだと思っています。現場を見ることがほぼないであろう国に何ができるのでしょうか？

その独自性こそが、仮に国が独裁的な※全体主義に舵を切ったときにも生きてくるはずです。地方の首長、そして議会の様子次第で国民の自由と権利を守ることができる可能性があるからこそ、私は常に地方こそが「最後の砦だ」と伝えるのです。

今回の改正は、それを根底から覆しかねません。つまり、国が介入することで、地域の独自性が奪われかねず、もし今国が訴えている必要性を考慮したとしても、第二章までに解説した通り、現行法のままで十分であり、特例の個別法で議論すべき事柄なのです。

よって、地方自治法の本旨自体に改正の手を出すべきではありません。

※全体主義
個人の自由や社会集団の自律性を認めず、個人の権利や利益を国家全体の利害と一致するように統制を行う思想または政治体制。対義語は個人主義。

※パンデミック条約
新型コロナウイルス感染症（COVID-19）のパンデミック（世界的大流行）を受け、今後の予防・備え・対応を強化していくための新たな国際協調の仕組み、そして規範となる法的文書。

◆パンデミック条約とIHR、閣議決定されてしまった各種法案

今、日本は窮地に立たされています。今インターネット上で話題になっている※パンデミック条約と※国際保健規則（IHR）は、※WHOから、ただ要求され、それをWHOが言うままに進めているとしか考えられない内容です、パンデミック条約・IHR、その他、同日に閣議決定されてしまった各種法案があります。

これらも確かに問題を孕んでいますが、「地方自治」はこれら個々の法案の危険性からの逃げ道として現状残されています。ここを先に改正され、国から地方へ指示ができる法律として限定的だとしても容認してしまえば、のちに次々と条件が追加され、気付いたときには我々の自由や独自性は奪われている可能性があります。

どの法案にも共通していますが、最初に通すことが非常に難しく、政府はそこを慎重に行ってきます。しかし、一度通って施行された後は、そのチェックの目も緩みやすいのです。次々とその範囲を拡大して来るのです。もしくは、当初から条文の記載を曖昧にしておくことで、後々発動する時に拡大解釈をするのです。

※国際保健規則
国際的な健康危機管理における WHOおよび各国の必要最小限の役割を規定する法的枠組み。従来は、コレラ、ペスト、黄熱のみを対象としていたが、SARSの経験を踏まえて、すべての公衆衛生危機に対応できるよう2005年に改正された。

※WHO
世界保健機関は、国際連合の専門機関の一つであり、人間の健康を基本的人権の一つと捉え、その達成を目的として設立された機関。

少なくともこの数十年は防衛関連が顕著ですが、あからさまに拡大解釈も、範囲の拡大もされてきました。今はまだ個々の法や法案であり、その危険性は法律案それぞれに懸念があるだけです。しかし、全て国民が目を向けぬまま決定し、最終的に憲法改正が行われてしまったとき、我々の逃げ場は一切なくなります。

憲法改正は簡単にできないからこそ、**先に別の逃げ道を塞いで、憲法改正ができなくとも政府にとって同様の効果を得ることができる方法を作っている**としか思えないです。

これまでに、懸念を感じる法案のいくつかは閣議決定され、国会審議を経て決定されたものもありました。しかし、２０２４年に入って急激に、そして、あからさまにたくさんの懸念を感じさせる法案が閣議決定されているのです。

２０２４年がターニングポイントだという理由は、ここにあります。２０２４年３月１日に閣議決定として発表された法案は、以下の通りです。

３月１日閣議決定一覧（法律案）

・地域再生法の一部を改正する法律案（決定）（内閣府本府）

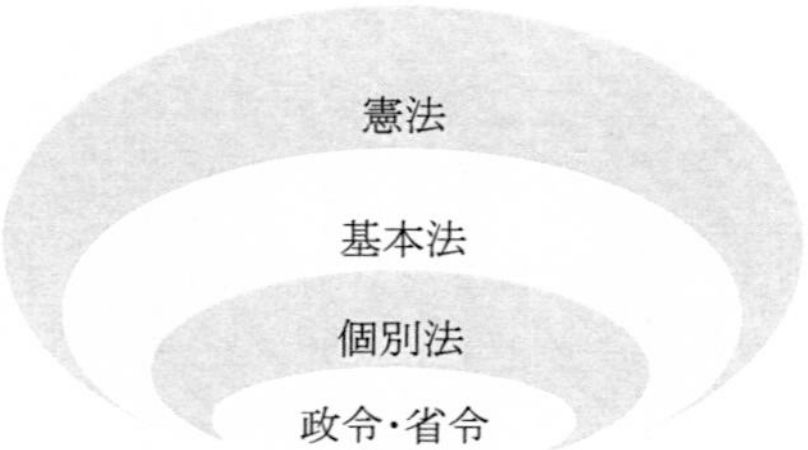

・銃砲刀剣類所持等取締法の一部を改正する法律案（決定）（警察庁）
・地方自治法の一部を改正する法律案（決定）（総務省）
・放送法の一部を改正する法律案（決定）（総務・財務省）
・日本電信電話株式会社等に関する法律の一部を改正する法律案（決定）（同上）
・特定電気通信役務提供者の損害賠償責任の制限及び発信者情報の開示に関する法律の一部を改正する法律案（決定）（総務省）
・学校教育法の一部を改正する法律案（決定）（文部科学・財務省）
・消費生活用製品安全法等の一部を改正する法律案（決定）（経済産業省）
・風力発電設備の設置等による電波の伝搬障害を回避し電波を用いた自衛隊等の円滑かつ安全な活動を確保するための措置に関する法律案（決定）（防衛省）

（内閣府ＨＰより）

ここに挙げたのは法律案のみで、他にも政令など決定されたことはあります。

◆各法律案が連動したときの恐ろしさ

実はこの中で地方自治法改正案以外にもかなり国民にとって不利益な改正案が存在します。その中の一つを紹介します。

日本電信電話株式会社等に関する法律の一部を改正する法律案、いわゆる今話題の※ＮＴＴ法改正案のことです。

ＮＴＴ法では、政府が発行済み株式の３分の１以上を保有すると定め、国民生活を支えるユニバーサルサービスとして、固定電話サービスを全国でくまなく提供することや、通信に関する研究の推進や成果を普及することを「責務」と位置づけています。

今回の改正案では、ＮＴＴの研究成果の開示義務が廃止されるほか、外国人役員の規制が緩和されました。この法案は衆参議員にて可決、そして成立してしまいました。そして、今回の改正とは別に、固定電話サービスや政府の株式の保有のあり方などについて、総務省の審議会で議論されていて、審議会は、ことし夏までに答申を出すことにしています。株の保有率を下げることも記載されており、外国法人が株を買い占める可能性も懸念されます。

つまり、外国人役員の就任規制の緩和です。日本の最重要ともいえる情報インフラに他国の人が役員として参入するということです。これは、国の根幹を揺るがすものではないでしょうか？

他国では、このような情報インフラに対して、厳重に守りを固めています。一方で、この改正案の中身は、決して国内の情報インフラを守る気がないのではないかと思わざるを得ない内容ばかりです。

今回はテーマが違うので詳しくは語りませんが、どのような危険性があるか詳しく知りたい方は※『ＮＴＴ法廃止で日本は滅ぶ』（著：深田萌絵）を参考にしていただきたいと思います。

情報とは我々の生活に直結することはもちろん、国防の問題でもあり、様々な利用が可能であるからこそ、**外国法人の参入は安易に認めてはなりません**。このような懸念がある改正案を今後あっさりと認めてしまうことも国民にとって利はないと私は考えます。

他の法案も国民にとって良い改正となるのかどうか、はなはだ疑問を

※『ＮＴＴ法廃止で日本は滅ぶ』
ＮＴＴ法が廃止されると携帯料金が爆上げする！ 元総務大臣原口一博議員との対談も収録。本書では、政府がＮＴＴ法廃止のために使う詭弁を暴きＮＴＴ法廃止が、国民生活をいかに破壊するのか。ＩＴビジネスアナリストの深田萌絵が端的に解説する。

持たざるを得ない内容となっています。各法律案は一つずつでも強い懸念がありますが、ここで本当に考えなくてはならないのは、それぞれの法律案が審議の結果決定し、施行され連動するときのことです。

あるクスリについて、一種類の薬の服用に限定して実験され、安全であると語り、認可されたものの、多種類の使用では、人体への影響がわからないことと同様に、この法律案も一種類で考えていたのでは、その恐ろしさを見誤ることになりかねません。

クスリも一種類であろうと危険性はあるのと同様、法律案もそれぞれの内容に個別に危険性を孕んでいます。そして、**もっとその恐ろしさが牙をむくのは、各法律案が連動したとき**です。バラバラであるように思える法律案ですが、内容を細かく読み、その解釈次第では連動して、我々の権利を脅かす可能性があると考えられます。

他にも特定電気通信役務提供者の損害賠償責任の制限及び発信者情報の開示に関する法律の一部を改正する法律案。これはいわゆる※プロバイダ責任制限法であり、ネット上の誹謗中傷の対策などが主ですが、これも曖昧なままにしてしまうと拡大解釈をされ、言論の自由が脅かされる可

※プロバイダ法責任制限法
インターネット上での誹謗中傷などの権利侵害が発生した場合に関して、ルールや手続きを定めた法律。

能性があります。

これらの危険性がどれだけの人に通じるでしょうか？　視聴率が高いニュースの内容には表れず、実はみんなが目を向けないところでこそ、我々の生活に打撃を与えることが決定しています。

他にも、少し前に閣議決定された※食料供給困難事態対策法案、※スマート農業技術の改正法案など、懸念される法案は農業や食に関わる範囲から、デジタルに関する範囲など多岐にわたります。そして、これらは憲法改正へとつながるのです。

◆地方自治法改正案は「最後のとどめ」

昨今の日本の政治の在り方は、日本人のためになるものであるのか疑問に思う内容が多くあります。

・国民に周知せず決まっていく法案たち。
・度重なる増税とその使用用途の不明瞭さ。
・ライフラインとなる水道を含む複数業種の民営化の推進。
・過去最大の薬害認定が起きているにもかかわらず未だ推進一辺倒であ

※食料供給困難事態対策法案
民間事業者に対し、出荷や生産の計画の届け出を求めたり、生産の拡大・転換を指示したりできる。計画を届け出ない事業には、20万円以下の罰金。

※スマート農業技術
食料・農業・農村基本法改正法案に定められた施策を具体化するもの。農業者の減少に対応して、農業の生産性の向上を図るため、スマート農業技術の活用及びこれと併せて行う新たな生産方式の導入とスマート農業技術等の開発及び供給の2種類の計画認定制度を設け、認定を受けた農業者や事業者に対して、長期低利融資や税制特例等の支援措置を講ずるもの。

る新型コロナワクチン問題。
・生活保護の外国人受給の問題。
・埼玉県のクルド人問題。
特に身近な問題だと、
・農業や漁業なども法律がどんどん変わり、そこから生じる食の問題。
・デジタル化推進により、勝手に決まっていくマイナンバーの紐づけ。
・医療の問題（私が昔から主で扱っているテーマ）。

他にもたくさんありますが、全ての問題は誰もかれも関係し、個人によって入り口は異なるものの日本という国に不安を抱え、希望を抱けない人は多くいることでしょう。社会問題に気づいていない人でも、今の窮屈な世の中はなんとなく感じているのではないでしょうか？

その結果、希望を抱けず政治に興味をなくしていくという悪循環に陥っていると感じております。

まだまだ書ききれないほど問題がたくさん存在している現状であり、果たしてこの国はどこに向かっているのか不安をぬぐい切れません。

個々の問題ですら庶民の生活を脅かしていく可能性が強くあるものの、それでも今の日本人が享受できている自由はそのまま残すことができるはずでした。それを可能とするのが、日本人のための政治を行うことができる地方の首長という存在です。そして、地方自治法は２０００年から、国と地方の対等性をしっかりと保障してくれています。

ですから、国の言いなりではなく地方を守ろうと強く思っている市長を選ぶことができるという条件はもちろんありますが、我々の選択次第で日本人の自由と権利を残すことができる可能性はゼロではありませんでした。

今回の地方自治法改正案はそういった可能性を潰すことができる案になります。

本来ならば、否決され、改正自体無くなった方がよいものです。デジタルの面に関しても、アナログからの脱却を急いで進めるのではなく、個人情報や国の情報などへの懸念点が一切なくなった上で話し合っても遅くはないと私は感じています。デジタルなど運用がまだ間もないものであり、日本のように、国防の面でも万全な策を講じていないと思われるような行為をしている国では、国民のデメリットが大きくなるのではないかという懸念も強く感じます。

そのわかりやすい例がＮＴＴ法改正案です。この中身などからも読み取れますが、重要な情報インフラをもつＮＴＴの国保有株を徐々に他に売却している現状の中、会社内部も外国役員の参入を可能にするというところで、国民に対するどんなメリットがあってそのような政策を行っているのかがはなはだ疑問になります。総務省のホームページを見ても、国内のサイバーセキュリティ製品はその多くを海外に依存している状況が引き続いているといえる現状です。果たして、このような状況で日本という国は本当に大丈夫なのでしょうか？

国はこのような重要資産ともいえる「情報」に関して、徹底して他国に流出しないよう努めるべきで、その行動も国防につながるのではないのかと思っていた私としては今の流れを作っている政府に対して、信用をしろと言われてもどうしても難しいのです。

今回の地方自治法改正案をどうしても認めてほしいならば、国は、まず国民、そして地方自治体の絶対的な信用を得る努力をするべきでしょう。現政府はこれまでその努力はしていたと感じることができるでしょうか？

また、何か問題が起きた時の対処を見ていかがですか？

これまで起きてきた社会問題、それに対してどのように訴え、どのように行動し、どのようにその対処を行ってきたか。皆様は覚えておりますでしょうか？

彼らは、その時、少しばかりの謝罪をメディアでするかもしれません。しない場合もあったでしょう。しかしその後、国民はどうせ忘れるからと同じことを繰り返してはいないでしょうか？

過去、地方の藩主が民をないがしろにして、それを幕府が取り締まるといった対応をしていたこともありましたが、それは地方に関しても権力者を誰もが選べなかった時代だから必要な措置であり、幕府自体も国民全体のための政治を行うならば功を奏するのだとは思います。

しかし、今は双方状況が異なります。今、首長はそこに住む住民が投票という形で選べるのです。国の議員も同じです。内閣はその議員の中から選ばれるものの、間接的にも審判は国民の手に委ねられています。

実は皆様が思っている以上に国民の力は強いのです。そして、だからこそ選挙は重要であり、国民が政治に目を向けることは何よりも重要となります。そこに目が届いてないからこそ、今のようなやりたい放題がまかり通るのです。

これまで、原発問題、震災、そして3年間の感染症問題など。大きな社会問題が起きる度に、政治に目を向ける人が増えてきました。特にこの3

年間は決定的に増えたと私も感じております。10年前では誰も目を向けなかった話題でも、話が通じやすくなったのが特にこの3年間でした。今後、社会問題はより身近に感じる部分で起きていくことでしょう。そしてその時、また政治に目を向ける人が増えていくことが予想できます。そうして、数を増やせば増やすほど、政府は今のまま好き放題に法整備をしづらくなっていきます。**特に地方では、それぞれ本来の意味で国民を守りたいという首長が誕生しやすくなり、本当の意味での国民のための政治が行われていく可能性があった**のです。

しかし、それは今の国と地方が対等であるという地方自治法があってこそのことでした。条件付きの個別法で国のやりたいことは十分できます。今回の改正案は、元である基本法自体の改正であり、条件自体曖昧であるため、発動をし得るタイミングが果たして国民のためになるときであるのか、はたまた仮に有事に発動をされた内容が国民のためを思っての内容となるのかは、政府次第となってしまいます。今の政府が信用できる人たちならば、まだマシでしょう。しかし、先述した理由、そして、政府自体のこれまでの行動を見ていると信用も信頼もできないと私は感じております。

有事になった混乱のさなか、国からの指示を聞くだけの地方行政となってしまった場合、まず現場を見ていない国の指示は最低限にとどめないと、混乱を招く可能性があることも懸念点になります。また、それだけではなく、その指示の内容も現場の状況に合わせられるように最小限にしておかないと、被害を大きくしてしまう可能性もあるでしょう。

想定できない未曾有《みぞうう》の事態のためというのであれば、それに迅速に対処すべき現場である地方が権限を持つことが大切なのにもかかわらず、逆行させようとするのはなぜなのでしょうか？　「想定できない」とあるように、国自体も想定できないからこそ対応を模索することになるのですが、その際、迅速に対処できるのは何度も言いますが、現場である地方公共団体です。

議会を議員として実際に見ていると、基本的に国が進めたい事業を行わずに独自で行動をしようとしている地方公共団体は今の段階ではほぼないに等しいでしょう。そのため、今回の改正に関して、これまでの事例を思い返してみても、政府が述べるような理由を基にした改正自体必要ないと言わざるをえません。想定できない事柄であるからこそ、今のまま対応を模索することで十分です。

このような現実的な懸念点は有事が起きた時の混乱と被害の拡大の可能性という観点でお話いたしましたが、今のまま大多数の国民が社会問題に目を向けない事態が続いた場合、政府がいくらでも拡大解釈をして、その指示範囲を簡単に広げる可能性があることも念頭に置かなくてはなりません。

「最後のとどめ」になるか、まだ「最後の砦」として地方自治法を保つことができるのかはより強く国民次第となるのです。

◆曖昧さが招く問題点〜ワクチン問題から考察すると…

ここから先はあくまで想像でありますが、このようなことも法案があいまいだからこそ可能であるという問題点を述べていきます。今の政府へしっかりと目を向けることで防げることでもありますので、ぜひ念頭に置いて注視していただくことが必要であると思っています。

２０２４年４月９日、※日本版ＣＤＣと呼ばれる国立健康危機管理研究機構（ＪＩＨＳ）が２０２５年４月に発足する予定であると武見敬三厚生労働大臣が第４回同機構準備委員会にて挨拶の中で述べました。その中には有事の際の管理体制を行うための組織体系も発表されました。昨今

※日本版ＣＤＣ
米国の疾病対策センター（ＣＤＣ）をモデルに、感染症に関する科学的知見を政府に提供する役割を担う。２０２５年度以降に設置される。

の法案なども併せて検討すると、感染症に不安を抱くことのない社会の実現の第一歩としての一大プロジェクトとのことですが、この3年間で国民に対する安心感を彼らがもたらしたでしょうか？

また、現在起きている過去最大の薬害ととれる新型コロナワクチンに対して、現在どのような対応をしているでしょう？ 推進している医療関係者、そして政府関係者が国民に対して「不安を抱くことのない社会の実現」をしようと行動しておりますか？

そして、ワクチン被害者への対応はどうでしょう？ 国民への説明は？ 挙げるとキリがありませんが、これらの行動を見ても決して国民のために不安を抱くことのない社会の実現をするための、新たな政策がこれまで行われていたか、そして今後行われていくのか疑問が湧いてきます。

むしろ、彼らこそ、この感染症を助長してきたのではないか？ と思えるような行動をしてきたのではないでしょうか？ **海外では、新型コロナワクチンは多くても3回の接種**で、すでに終わっております。日本は未だに7回目、8回目、被害が拡大している現状でも推奨の立場を崩しません。専門家による議論が行われていると言いますが、感染症が始まってから約4年、ワクチンを開始してから約2年半。これだけ経って、コロナワクチンの実態が徐々に明らかになっている現状にもかかわらず、未だに推奨する姿勢を崩しておりません。また、新しい技術となるレプリコンワクチンを日本にて製造し、すでに一部治験が始まっているところがありますが、今後使用も検討しているとのことです。これまで起きた薬害の歴史、そして過去の反省を顧みない愚行であると私は薬剤師として感じております。

厚生労働省に過去の薬害の※「誓いの碑」があります。そこには次のように記載されております。

> 誓いの碑
>
> 命の尊さを心に刻みサリドマイド、スモン、ＨＩＶ感染のような医薬品による悲惨な被害を再び発生させることのないよう医薬品の安全性・有効性の確保に最善の努力を重ねていくことをここに銘記する
>
> 千数百名もの感染者を出した「薬害エイズ」事件
> このような事件の発生を反省しこの碑を建立した
>
> 平成11年8月　厚生省

今こそこの反省を生かすべきであり、一刻も早く対処すべきであると思っております。次の感染症に備える前に、混乱を招く一助となったメデ

※誓いの碑
厚生労働省では、「薬害エイズ事件」の反省から、血液製剤によるＨＩＶ感染のような医薬品による悲惨な被害を再び発生させることのないように、その決意を銘記した「誓いの碑」を、平成11年8月24日、厚生労働省の正面玄関前に設置した。

イアの在り方と選択の自由を奪うような推進方法をまず見直すべきではないでしょうか。未だにワクチン接種被害者の声は日の目を浴びることはありませんが、感染症の恐怖や食品などの被害などはすぐにメディアでも取り扱われます。このメディアや政府の扱いの差を見ていると、誰よりもやるせない気持ちを抱えているのはワクチン接種被害者、そして被害者ご遺族でしょう。

すでにアメリカのＣＤＣの日本事務所は存在し、内閣感染症危機管理統括庁は存在する現状です。新たに管理体制の策定を急ぐ明確な理由はないはずです。

まずはＪＩＨＳのような管理体制の強化の前に、その管理を彼らが担うだけの能力があったかも含めたこの分析と、今起きている日本人の謎の大量死の原因究明と、新型コロナワクチン接種後の未曾有の健康被害の対処をすべきではないでしょうか。こういった行動からも、本当に国民を考えて政策が決定しているのか疑問に思うところです。

現在の「新型コロナワクチンに対する」被害認定の人数は次のようになっています。

受理件数　１０７１５件

審査件数　８２７２件
認定件数　６７９５件（内死亡者５２３件）全体の82・33％が認定
否認件数　１４４７件・保留30件
※疾病・障害認定審査会（感染症・予防接種審査分科会、感染症・予防接種審査分科会新型コロナウイルス感染症予防接種健康被害審査部会）より

昭和52年からできた同制度の認定件数は３５２２件（内死亡１５１件）で、これはすべてのワクチンの総計です。これまでは、より少ない人数で、ましてや子どもが亡くなった時点で薬剤の検討回収を行い、薬害として慎重な扱いをしてきました。今回の新型コロナワクチンに対する対応の異常さ、そして、今の政府の対応の異様さがここからもよくわかると思います。

さて、なぜこの話題を出したかと言いますと、地方自治法改正案の総会での答申より、その争点の中心がこの感染症であることが明確だからです。今回はワクチンや薬害の話題ではないため、詳しい内容はこれ以上述べません。（良かったら２０２４年10月に出版予定の『日本の薬害の歴史（仮）』（著：城戸佐和子）を参照にしてください。）

今回の問題は、「ワクチン」や「外国」というキーワードが非常に重要であり、それは地方自治法改正案と無関係であるとは思えません。そして、その先にある共通した目的が「管理」という部分であり、「管理社会」の到来を示唆しているように感じています。私が所属していた医療業界は、その体制が常識であり、上が言うことは絶対です。そして、「権力がある人こそ正しい」という意識が根付いている中、そこに意見することはその業界にいる者にとって死活問題に発展しかねない状況になることも理解しています。そのような自由と権利が認められない業界が、当たり前のように起こしたのが今回の新型コロナワクチンの被害だったのだと思っています。

薬剤は、全ての人に合うわけではありません。だからこそ、**全体の何％での決定ではなく、本来医療とは、その人一人一人の状態と状況と見極めて、最小限の措置を行うべきである**と私は思っております。

若い学生や看護師が接種し、亡くなった現状もありました。また、懸念があるから接種を拒否、もしくはそれらを目の当たりにしたが故に打たない選択を選ぶ人たちに対する周囲の同調圧力の強さも特に開始したての２０２１年～２０２２年によく聞きました。このような全体主義的な状況が当たり前になっている医療業界であるからこそ、今回の状況をより強く生んでしまっているのです。
　このような異常な「常識」が一般の国民に降りてこようとしています。そんな現状を許容するか否かの分かれ道が今なのです。
　地方自治法改正案はそのような同調圧力を、法という権力が正しさとして後押しすることで、より強い「正義」の名のもとに国民たち自ら自由と権利を手放していくという事態が起きかねません。過去に行われた心理実験でも、正義という名目の上に権力を手に入れた人々は、よりその暴力性を発揮する率が高まることも分かっています。

　私が何よりも恐ろしく感じるのは、その自由が法の下なくなっていくこともちろんありますが、それ以上に**人々の歪んだ「正義感」を助長し**かねず、**周囲の人間を疑って過ごす世の中になっていく**ことです。いわゆる戦時中の隣組の再来に近いものを助長しかねないことです。

　医療の現場では、※『白い巨塔』というドラマで表されているように、医療業界が多様な意見を議論できる場では決してありません。そこからも容易に想像できます。医療という「正義感」の下で、ガイドラインに

※白い巨塔
山崎豊子の長編小説。浪速大学に勤務する財前五郎と里見脩二という対照的な人物を通し、医局制度の問題点や医学界の腐敗を鋭く追及した社会派小説。『白い巨塔』という象徴的なタイトルの意味は、作中では「外見は学究的で進歩的に見えながら、その厚い強固な壁の内側は『封権的な人間関係』と『特殊な組織』で築かれ、一人が動いても、微動だにしない非情な世界」と表現されている。

あることが正しいと疑わない人たちが運営している業界だからこそ起きていることです。しかし、現実はその時正しいと信じられていたことであろうと、後日間違っていたことが判明することは多々あります。その時の対応を見ていても、反省という言葉とは程遠いと感じてしまうことが多かったではないでしょうか？ 本当に反省していたのならば、今ここまでの薬害に発展するはずはありません。

医療を例としておりますが、これは政治の世界でも同じ流れです。果たして、推進する権力者たちが「反省」し、国民のための「行動」を行ってきたでしょうか？

◆曖昧さが招く問題点～辺野古新基地への対応から考察すると…

もう一つ例をあげますと、沖縄県での※辺野古新基地を巡る住民への対応でも顕著に政府の方向性が表れているでしょう。沖縄県は辺野古新基地を巡り、設計変更承認が法定受託事務だとして史上初めて代執行を強行された過去があります。そのためか、今回の地方自治法改正案に対しても、「国の強権をさらに肥大化させ、自治をないがしろにしかねない法改正は決して受け入れられない」といった意見を持つ方が非常に多くおり

※辺野古新基地
沖縄県宜野湾市普天間アメリカ軍海兵隊基地の機能の一部を名護市辺野古に移設する問題。沖縄県民の世論調査では、アメリカ軍普天間基地飛行場の名護市辺野古への移設は賛成22％に対して反対は66％にのぼっている。

ます。様々な国との関わり合いの中で、実際にその対応への不満を持つ沖縄だからこそ、政府への明確な不安を感じているのでしょう。

これまでの法整備や政府の対応、そして、海外からの圧力と感じるパンデミック条約やＩＨＲの話、また、スポンサーありきのメディアの在り方と、結果的に起こりうる日本国民の行動、それらを総合して考えると、現政府が中心で行なおうとする地方自治法改正案であるからこそ、**「最後の砦」である地方自治法が、「最後のとどめ」になるのではないか**と懸念しております。今後ＤＸ化を推進しようとしている日本の政策も相まって、戦時中より強い管理体制となることも視野に入れなくてはなりません。デジタルは一見便利なように思えますが、どちらかというと政府側の仕事を楽にする側面の方が大きいです。マイナンバー保険証などの推進も管理体制を敷く一助となる可能性があります。それは、これまで医療では個人情報として扱われていた医療情報、そして預貯金なども含む個人の情報全てが、マイナンバー自体に明確に紐づけられた時に実感していくことでしょう。

地方が「最後の砦」だったのは、地方の独自性が担保されていることで、首長のリーダーシップ次第では、我々の生活に直結する現場にてその不利益を最小限に抑えることが可能であったからです。それも、我々国民がこれまでに自由と権利を勝ち取ってきたからであり、それがこれからどのようになっていくかは国民が何をしても手の届かない範疇になってしまうのではないかという不安が私の中ではぬぐえません。

まだ国会審議の前（２０２４年4月16日現在）ではあるものの、今のままでは確実にこの法案は通過するでしょう。しかし、その前までにどれだけの国民が内容を知るか否かで、その内容は変化します。つまり、多くの国民が知ることになると、その結果、その法案の内容がまず国民へ配慮したものとなるため、条件が少しでもマシになる可能性があることで、その間によりたくさんの国民に社会問題の中身を届ける時間を稼ぐことができるのです。通過した後だとしても、拡大解釈であるということを国民全体が認識できるかが鍵となり、何においても国民が政治の内容に目を向けられるか否かに未来はかかっているのです。

「最後のとどめ」になるか、まだ「最後の砦」として地方自治法を保つことができるのかはより強く国民次第となるのです。行動すれば変わることはあります。私は自身の選挙と人生でそれを実感しているため、今このように全力で様々な行動をしているのです。

2、憲法改正はただの手段？

◆第92条から第95条

これらはすべて連動している問題であり、一枚岩ではありません。このままでは、細かい法案が次々と決定していき、憲法改正を話すときにはすでに自由と権利がほとんど失われている状態になりかねません。

私は憲法改正ですら、本丸ではないと思っています。憲法改正はただの発動するための手段で、その前に決まっていこうとしている表に出てこない個々の法律案を重ねてみたときに、本丸が見えてくると強く感じています。

なぜそう思うのか一部例を出します。

実は地方自治の役割などの要旨は、※日本国憲法第92条から第95条に記載されています。その中の第94条の部分に記載されている内容は、以下の通りです。

「地方公共団体は、その財産を管理し、事務を処理し、及び行政を執行する権能を有し、法律の範囲内で条例を制定することができる。」

※日本国憲法

第92条 地方公共団体の組織及び運営に関する事項は、地方自治の本旨に基いて、法律でこれを定める。

第93条 地方公共団体には、法律の定めるところにより、その議事機関として議会を設置する。

地方公共団体の長、その議会の議員及び法律の定めるその他の吏員は、その地方公共団体の住民が、直接これを選挙する。

第95条 一の地方公共団体のみに適用される特別法は、法律の定めるところにより、その地方公共団体の住民の投票においてその過半数の同意を得なければ、国会は、これを制定することができない。

つまりこれは、**地方公共団体が「財産の管理」「行政の執行」「事務の処理」といった大きな3つの役割がある**ことを憲法にて明確に規定されているということです。

今回の地方自治法改正案に関しては、この中の「事務の処理」が焦点となっています。

そのため、中には地方自治法改正案に関して、事務の処理だけであれば、他の重要な財産の管理と行政の執行が残っているからよいのではないかと思われる方もいると思います。

しかし、前述のように、法律はその対象となる事柄のみではなく、他の法律案と絡めたときにどうなるかを考えるべきであるという法則から、また別の懸念が導き出されるのです。

実は、日本国憲法改正に向けた※自民党草案では、先ほど出した文章に該当する部分が大幅に変更されているのです。

それは次のとおりです。

「第95条　地方自治体は、その事務を処理する権能を有し、法律の範囲内で条例を制定することができる。」

※自民党草案
草案は、前文の全てを書き換え、日本の歴史や文化、和を尊び家族や社会が互いに助け合って国家が成り立っていることなどを述べている。主要な改正点については、国旗・国歌の規定、自衛権の明記や緊急事態条項の新設、家族の尊重、環境保全の責務、財政の健全性の確保、憲法改正発議要件の緩和など。

つまり、憲法改正が施行されたとき、地方自治体の有する機能は「事務の処理」のみとなってしまうのです。財産の管理に関しては、※自民党草案第96条にて規定がありますが、それも国の関与を匂わせる内容となっています。

このようなところまで読み込むと、発動は非平時（有事）に限り、かつ影響が及ぶのは「事務の処理」だけと見せかけ、大事と思わせないで（前章で述べたように十分危険性はあるのだが）、いざ憲法改正が施行された瞬間には、地方自治体の全ての権限を国に移行するような流れを作っていると思えます。

このように、国民の気づかないうちに自由と権利が蝕まれていく可能性を孕んだ内容が次々と決定しており、他の法律案などと重ねて見ていると、影響は我々が想像するよりはるか広く及んでくるだろうと予想できるケースが多いのです。

本来、日本国憲法とは国民を縛るものではありません。権力を持つ政府、そして政治家たちがその権力を持って国民に対して不利益を与えないようにするために制定されているものです。

※自民党草案96条

（地方自治体の財政及び国の財政措置）

第96条　地方自治体の経費は、条例の定めるところにより課する地方税その他の自主的な財源をもって充てることを基本とする。

2　国は、地方自治体において、前項の自主的な財源だけでは地方自治体の行うべき役務の提供ができないときは、法律の定めるところにより、必要な財政上の措置を講じなければならない。

3　第八十三条第二項の規定は、地方自治について準用する。

これは、日本国憲法の中の第99条

「天皇又は摂政及び国務大臣、国会議員、裁判官その他の公務員は、この憲法を尊重し擁護する義務を負ふ。」

という文章からも、憲法の及ぶ対象が明確に規定されていることがわかります。

そのため、よく議論の焦点となる第97条の基本的人権も、誰よりも順守しなくてはならないのは、政府であり、政治家であり、公務員など権力を持つものであり、彼らが国民の人権をしっかりと守らなくてはならないのです。

これは、過去の戦争や負の歴史を体験してきた人類が作り上げた自由と権利を守るための檻《おり》なのです。ＮＴＴ法と同じく、今回は日本国憲法の話ではないため、詳しくは※『檻の中のライオン』（著：楾大樹《はんどうたいき》）を参考にしていただきたいと思います。

その本の中には憲法の話が何よりも分かりやすく書かれています。また、昨今の社会問題については※『檻を壊すライオン』（著：楾大樹）も非常に参考となります。元々中学など公民の教科書の副教材として選ばれ

※『檻の中のライオン』
憲法は権力をしばるもの。憲法を「檻」に、権力を「ライオン」にたとえ、イラストで解説。立憲主義がわかる憲法の入門書。

※『檻を壊すライオン』
暴走の事例とともに権力の制御方法を考える。全国で計５００回以上開催された憲法講座の中の「統治機構」「憲法からみた最新の時事問題」を１冊にまとめた。今の政治の何が駄目なのか？　日本国憲法の統治システムの解説と憲法に違反している現政権の事例を約50例紹介している。

ていた書籍です。どの世代にもわかりやすく書かれているため、強くおすすめします。

3、条文の曖昧な地方自治法改正案

◆閣議決定のみで指示権の行使が可能に

今回の地方自治法改正案についてまとめます。

今の段階でその条文の曖昧さから、国による地方自治体への不当な介入を誘発する恐れがあります。発動条件の記載が不明瞭で、国の認識下でその曖昧な条件が満たされると、閣議決定のみで指示権の行使が可能になるため濫用の恐れがあり、これは日本弁護士連合会や全国知事会らも問題視している事実があります。

このように問題を孕んだたくさんの法律案を閣議決定して、政府は国会に提案するのですが、国民が今政治に目を向けていない現状であることをいいことに、細かいところで自分たちに都合のよい内容に法律を変更していっていると思われても仕方がありません。

※水道民営化
政府が推進しようとしているのは、施設の所有権を自治体に残したまま、民間事業者に運営権を包括的に委託するやり方。

現実に、これまで決まった事柄に目を向けると、例えば※水道民営化の推進なども、国民のためになるかと言えば、疑問を感じざるを得ない内容です。説明の聞こえはいいのですが、中身をしっかり見ると民営化の結果、外国資本が参入していることが多くなります。**水道、NTTなど、国民の生命線を含む重要な部分を占める公共事業は、絶対に民営化をしてはならない**と思っています。殊に、水道事業の民営化は、※世界を見ると成功した事例は少ないのです。これらの解説は、私の6月議会の一般質問、そして3月議会の総括質疑にて行っています。詳しくはそちらを見ていただけたらと思います。(https://x.gd/8JtEp 〔小田原市議会 城戸佐和子〕で検索)

現段階では懸念点がたくさん浮かびますが、まだ想定の段階でしかありません。しかし、言葉ではいくらでも誤魔化せるからこそ、この法律案を提出する意図、本当は何を目的としているかを知ることが何より重要になります。これを提案段階から考えることが非常に重要です。提案段階での意見をしっかり知っておくことで、今後、国会の審議での答弁の意味を理解することができます。

まだ提案段階、そして審議段階なので、国民がしっかり理解し、知るこ

※水道民営化
(「全日本水道労働組合」辻谷貴文氏による)
世界各地の事例を見ても、公営の水道事業から民営化して成功したところなど、ほとんどない。フランスのパリ市の様に、民営化した水道事業を再び、公営化するという事例が相次いでいる。こうした再公営化は、世界全体で235件にも達している。サービスの低下や漏水率の上昇、汚職の頻発などで、世論調査では住民の70%が再公営化を望んでいる。

とが、彼らが法律案を制定していくことを防ぐことができる唯一の方法です。

◆閣議決定とは何か？

ところで、誤解の声を多く聞くので、改めて閣議決定とは何か簡単に説明します。

まず閣議とは内閣総理大臣とか各務大臣、いわゆる閣僚から構成される内閣の意思を決定するために開く会議です。その会議で国会に提出したい内容を話し合います。

そして、**閣議決定とは内閣の意思を決定したということ**であり、**その提案を国会に提出することを決めた**ということです。

内閣は行政権を持ちますが、立法権は持っていません。そのため、行政執行を行うために必要な法を制定するために、立法権をもつ国会にて審議と決定をしてもらわなくてはなりません。権力が集中しないために、三権分立があり、内閣は立法権を持っていないのです。つまり、閣議決定ではまだ法案は決定していません。

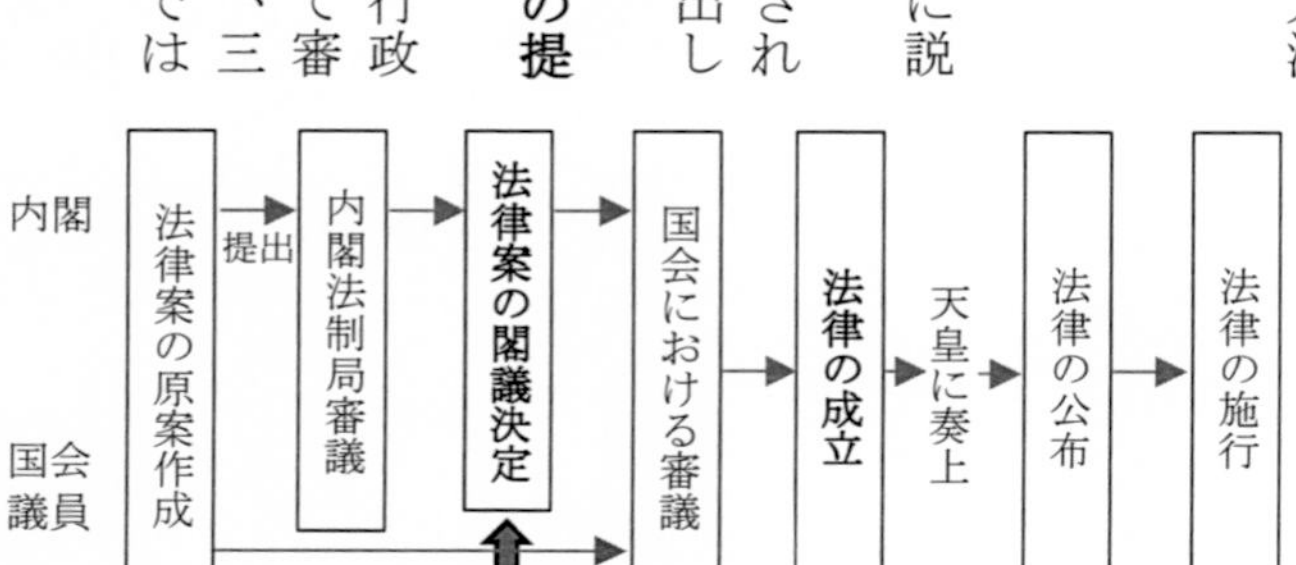

あれだけメディアで閣議決定したと騒がれているからか、それを法の制定が決定してしまったと捉える人も多くいます。しかし、実際はまだ決まっておらず、地方で例えれば、施政方針を出す段階のようなものです。

要は、**閣議決定とは、内閣が法律案を国会に提出することを決定する手続き**です。その条件は全閣僚が賛成することです。つまり、閣議決定された法案は、全閣僚が賛成したということなのです。

今のような自民党体制の大臣で成り立っている内閣では、案が通りやすいことは容易に想像できますが、それでもまだそれ自体が決定されたわけではありません。そして、この後、衆議院に提出し、国会での議論が始まります。その後、参議院で同様に審議をされるのです。

◆今だからこそ国民にできること

そのため、今だからこそ国民にできることはたくさんあります。

それは、**国民が注目し、意見を届ける**ことです。そして、**内容をしっかり理解できる人を増やす**ことで、それを**一人一人の議員に届くようにすること**です。

地方議会にいてつくづく思うことは、議員だからといって、今起きている社会問題を全て知っているわけではないということです。

殊に今回の地方自治法改正案は、知る人が少なく、仮に各種問題の言葉を知っていても、その中身まで知る人は少ないのです。

これは、自身が扱っている分野や政策に関係ないことは全て後回しになっている現状があるからと想定されます。しかし、**実際社会問題はすべてが繋がっていると理解できたとき、国民だけではなく、議員一人一人の行動も変化する**と私は確信しています。

今回の地方自治法改正案も例にもれず、衆議院参議院の与党多数では確かに通るかもしれません。しかし、その中でも国民が注目を向け、行動する人が増えることで、もしかしたら明確な発議の条件付け、つまり、条件を限定的かつ明確に厳しくできる可能性があります。

たくさんのハードルを発議の条件として付けることができたら、少し時間が稼げます。

先日、私がこの件で国への意見書を小田原市議会から提出しようと行

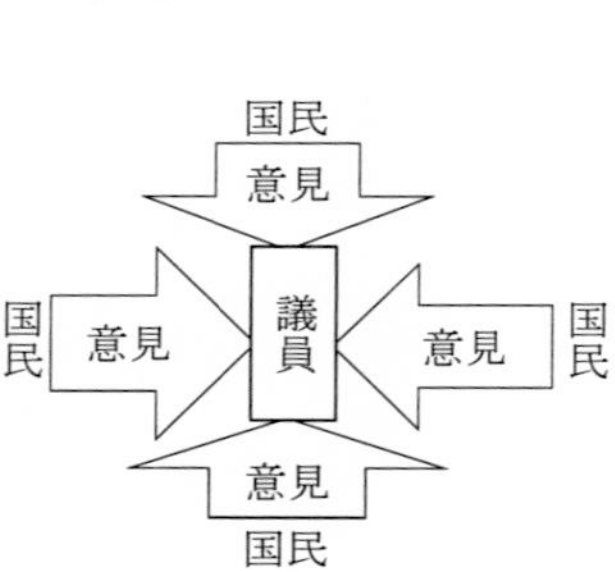

動していたのも、結果的には提出できずとも、知る人を増やすためでした。

実際、小田原市役所内、そして市議会内ではその認識が高まっていると感じています。地方から意見を上げ、国民の注目を得る、それは国民の協力なくして達成できることではありません。

今回、本書の出版を決めた理由も、地方自治法改正案を通して、今国内で何が起きているかを知ってほしいからです。そして、何より今の自由を噛みしめて、相手ありきの行動ではなく、自分が目的をもって行動する大切さを考えてほしいのです。人間はそれぞれ美しく一生を過ごすことができます。それは、あなたの覚悟次第なのです。

今回の法案は、全ての日本国民が身近に感じられる内容であると思っています。この法案こそ、パンデミック条約やＩＨＲより、国民一人一人に大きな影響を及ぼすのでないかと懸念しています。しかし逆を取ると、国民一人一人の行動力にも大きな影響を及ぼすのではないかと思っています。

国民は自身に身近であればあるほど、行動を起こします。私が医療業界

駅前で市民と話す著者

を入口としているのも、医療は全ての日本人にとって身近な話題であり、不安も含めて気に留めている内容だからです。

政治の話は非常に難しいと嫌煙する人が多いでしょう。しかし、地方自治法に関しては、やり方によっては誰もが他人ごとではないという認識を生むことが出来、その結果人々が行動に比較的移しやすい内容であると私は思っています。

残念ながら、現状、この改正法案は身近であるのに、あまりにも騒がれていません。あまりにも表に出て来ないことに、正直私は不気味さを感じています。

他の法案も同様ですが、今のまま国会の議論に任せるのではなく、このような国民にも直接的に関わってくる重要法案は、必ず国民に情報を開示し、地方自治の長、地方議員も全て含めて議論すべきではないでしょうか？ そして、より広く国民の意見も聴取すべきであると思っています。

何度も言うように、このままでは、**国民の目が向いていないため、気づかないうちに通ってしまうことでしょう。メディアがワイドショーのように繰り返し芸能人の話題などを騒いでいるうちに、通過してしまう可能性**

があります。

仮に通ってしまうとしても、我々が目を向け、騒ぐことで、その法案にたくさんの鎖を巻くことができます。必ず非平時（有事）の定義をより明確化すること、地方自治体の自主性・自立性を尊重することです。つまり、現場を見ている地方自治体が国の指示が適当でないと判断するならば、地方の判断を優先します。また、権限の行使をする際に、国に対して二重三重に慎重な手続きを設けるなど、極めて限定的で厳格な条件を設定する必要性があります。

しかし、**本当に必要なのは、より多くの国民が政治に目を向け、その本質を見据えること**です。何度も言うように、この地方自治法改正案こそが、我々国民を守るための「最後の砦」を奪う原因となる可能性があるのです。

まずは、何が起きているかを知ること。本来なら、これらの法にＮＯ！を突きつけるのがよいのです。しかし、それは間に合わない可能性が高いでしょう。

それならば、国民生活への直接的な影響を与えかねない法だからこそ、きちんと厳格に明確に発動しづらくするためにたくさんの鎖で縛っておかなくてはなりません。国が指示する際に自治体に意見を求めるとのことですが、実際の緊急事態にそのような余裕はないでしょう。

その際は意見も言えず、国の指示を聞かなくてはならない可能性もあります。

地方の意見を聞いてくれるという条文が明記されたことで満足するのではなく、最初から定義をしっかりしないといけないのです。

先ほども書いたように、曖昧なまま通してしまった後は、政府の思い通りに拡大解釈をしていくことが容易に予想できます。近年、それらを当たり前のように行ってきた政府だからこそ、私はどうしても信じられないのです。

そして、**多くの政治家が選挙前だけ耳障りのいいことを言い、選挙が終わった後は、その意見を翻《ひるがえ》します。**そのような人間性を疑う人たちが政府を運営しているからこそ、国の指示が地方の権利を奪うわけではないといくら説明されても信用ができないのです。

駅前で支援者と著者

忖度なく政治に向き合っている私からすれば、自分の意見がなく、すぐに態度を翻す人たちを信じることなど到底できないため、このように自らの口で言い続けています。
私は責任をもってこれからも本質を追求し、周知していきます。

どうか皆さんも、本質に目を向け、政治に目を向けてほしいのです。

そして、どのような人でも自身の歩みたい道が体現できる世の中を作り上げていきたいと切に願います。

それを未来の子どもたちに紡いでいきたいと私は強く希望します。

おわりに

◆「地方自治の本旨を守ることを求める意見書」の国会への提出を提案

ここまで読んでいただいた方には、時代の流れに反して、中央集権的な体制強化を助長しかねない法律案が、今回の地方自治法改正案であることを理解していただけたのではないでしょうか？　国民誰しもが他人ごとではなく、**今後決まりうる全ての法律案と連動し、日本人の自由と権利が脅かされる可能性がある**ことも感じていただけたのではないでしょうか？

そして、この件は、地方の公務員や議員にとって、決して他人ごとではなく、みすみす自身の職能放棄に当たる改正案を容認すべきではないと私は思っています。

地方議会から異議を唱えるべく3月定例会で「地方自治の本旨を守ることを求める意見書」の国会への提出を提案しました。問題点を理解いただいた10人の市議から賛成を得られましたが、過半数に届かず否決されました。

しかし、その後地方紙に掲載していただき、市内の住民からたくさんの反響がありました。

新型コロナワクチン問題に際しても、このように地道な活動をしていき、結果ワクチン接種を慎重に考える市民が増え、市内でのコロナワクチン後遺症に関する被害認定もされる方が増えたとの話もいただきました。ただただ、**小田原の住民、そして日本の国民を、これ以上ないがしろにする政治を、私は本当に許せないのです。**そして、そのような社会のままでは、私の子どもたちも含む未来の世代へと渡すことは決してできないと思っているのです。

小田原市議会で意見書案を提出した時にいただいた案に対する反対討論から抜粋させていただきます。

・国への信頼があるからこそ、改正により即ち無批判に追従することになるとは思わない。

・国との対等な協力関係を維持していくためにこそ、現場を知る地方の声は国に届けられるべきであるが、今回は意見を聴取する記載があるため問題ないと思われる。

今回の改正案は、本文でも書いたように憲法改正自民党草案第95条と

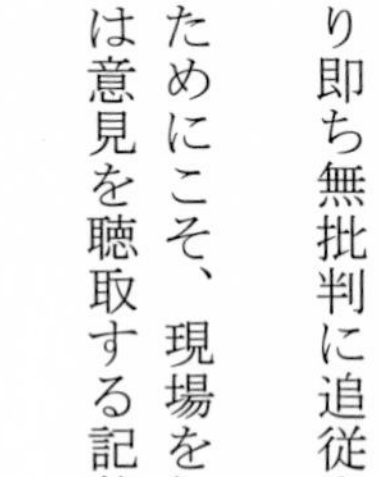

議場への案内

無縁だとは考えられず、両方が施行すると国は独断的かつ法的に地方自治体の「財産管理」「行政執行」「事務処理」の権限全てを掌握できる力を持つことを私は懸念しているのです。

私の3月議会中の総括質疑で出した問題にもあるのですが、国防や市民生活に打撃を与える内容とも決して無関係ではありません。もはや独立した団体として地方自治体が機能しなくなるのではないか、この危機感を日本人全てが共有すべきであり、しっかり目を向けていくことが重要であると感じています。

私は常に伝えます、希望はあると。それは、国民一人一人の力が実は本当に大きいことを実感した時に変わるのでしょう。他人が言うことに従うのではなく、自由である今だからこそ、自分がどう生きたいかを考えられます。これは医療現場で、必ず壁として突き当たる死生観とも関わってきます。

社会では身勝手と勘違いされることもありますが、自由で権利があるからこそ、それぞれの得意を生かして助け合う社会が実現できる可能性を秘めているのです。全体主義は、それを否定します。人々は同じ方向に向かい、優劣をつける。この意識は現代にもはびこっており、本当は自由であるのに、人の目を気にして閉塞感をわざわざ漂わせています。

　これは、システムや教育などがそのような流れを作っていると言っても過言ではありません。しかし、他と比べることをやめ、政治や自身の在り方に目を向けた時に、この世の中の仕組みは変えられると私は確信しています。

　それは今享受できている権利は、自由を得られなかった先人たちが作り上げてきてくれたものであり、我々はその世の中に生きているからこそ、ルールも話し合いで変えられるのです。

　１００年後の未来に平和の灯を。大人こそが楽しんで未来に誇れる背中を見せることが重要だと思っています。だからこそ、皆様の行動こそが私にとっての希望です。

　今後も私は忖度なく、どこでも自分の信念を貫いて行動します。

◆「政治をエンターテイメントに」

今後の世の中がどのように変遷するのでしょうか？

２０２４年がターニングポイントと私も感じていますが、だからこそ国民から行動を起こしていきましょう。

まずは、政治に目を向けていただきたいのです。そして、傍聴など含め、国民が政治家に目を向けていることをしっかり政治家にわかるようにしていくことが重要です。国民の目は政治家にとって大きなプレッシャーとなります。今は目を向けている人が少数であり、大多数が政治の話を嫌煙する世の中だからこそ、政治家は喜んでやりたい放題できるのです。

「政治をエンターテイメントに」

私はよくこの言葉を語ります。エンターテイメントの語源は、間を（enter-）持つ（teneo）こと（-ment）、つまり場を取り持つ、そしてつなぐこと。そして、人の心を掴んで離さないこと。

駅前で街頭演説する著者

つまり、**政治の世界と国民との橋渡しがしたい**のです。そして、心をつかむことで目を向けてもらいたいのです。

私は言葉も大元の語源が重要だと思っています。エンターテイメントが政治の世界でなされたら、たくさんの人が目を向けることができ、世の中が変わるのではないでしょうか？

私はそのように感じるからこそ、愚直にやる中に楽しさも重視します。楽しんでいる人には必ず人が集まります。そのため、いくら行動しても結果が伴っていないと感じ、未だに政治に興味のない人が多数なのは、「真面目」の意味を違う意味でとらえているからではないでしょうか？

私は、政治の話は日常でなされるべきだと思っています。現代のようにタブーと考えるべきではありません。

たしかに、やるべき事柄は愚直にコツコツと「真面目に」行動すべきであるとも思います。しかし、それを自分が我慢して、誰かのために行動することと、はき違えてはいないでしょうか？　いかにも日本人らしいと思いませんか？

その意識は立派ではあるのですが、そのように行動している人々は、いつか息が詰まります。辛そうに行動している人たちを見ても、注目をしたいと思えないのではないでしょうか？　だからこそ、**やるべきことはしっかりと真面目に行動し、その上でそれを楽しく魅せる。**つまり、自分がやるべきことのみを愚直に進んでいる中で、周囲との関わりを楽しむことが重要なのではないでしょうか？

なぜ若者の政治離れが進むのでしょうか？　自分たちには関係ないとは、彼らも本心では思っていないと思います。しかし、自分たちより上の世代が聞く耳を持ってくれるはずがないという諦め、そして、彼らが辛そうに活動している姿を見ているから、憧れることができないのでしょう。結果、それが世の中の諦めへとつながり、若者の自殺率にもつながります。

◆大人は、子どもたちにどんな背中を見せているのか？

先日、子どもの権利のために活動した子どもに贈られる※「国際子ども平和賞」の授賞式がオランダで開かれ、日本人として初めて大阪出身の

※国際子ども平和賞
オランダ・アムステルダムの国際的な児童権利擁護の非営利組織であるキッズライツ財団が主催する、子どもの権利のために大きく貢献した若者に贈られる賞。２００５年にローマで開催されたノーベル平和賞受賞者世界サミットにおいて創設され、以来、ノーベル平和賞の受賞者がこの賞の授与を担っている。

17歳の女子高校生が選ばれました。

彼女は、変わりそうにない日本を見て、日本に誇りを持てないことについて、とてつもない悔しさを感じていたそうです。

日本の若者は政治に興味がないのではなく、政治を信頼する理由、投票する理由がわからないと彼女は語ります。市民の声を最初から聞いてくれないように見える日本の政治に、誰も協力する気が起きないとのことでした。けれども、当時39歳の※石丸市長が居眠りする議員に向かい『恥を知れ』と叫んだ時、日本はまだ変われると思うことができたそうです。

私が印象的だったのは次の言葉です。

「政党や思想関係なく、その普通を取り戻そうとしてくれている大人たちがいる限り、日本は私が誇れる国になれるはずです。」

また、次の言葉も子どもの等身大の気持ちであると私は感じました。

「私たち若者は見るはずではなかったつらい、悔しい日本の現実を見てきています。それでも理想や希望をまだ持っています。政治家になる前にかっこいい大人になって下さい。私たちに子どもらしく夢を持たせて下さい。私たち日本の子どもは皆が理想とする、かっこいい日本になってく

※石丸市長『恥を知れ』
2020年8月に37歳で広島・安芸高田市市長に就任。石丸市長は就任早々、議会で居眠りや一般質問をしない議員たちに、「恥を知れ！恥を！」と声を荒らげて一躍話題になった。

れるのをずっと待っています。私たちはいつまで待てばいいでしょうか？」

この言葉を聞いて、みなさんはどのように思いますか？

私は、私たち大人が彼らに背中を見せられていないことを恥じる気持ちしかありません。私の子どもたち3人に対してもそうです。日常は確かにものすごく忙しいです。そのような社会システムになっているからこそ、それは国民にのしかかっている事実でしょう。

しかし、日本人で初めて国際子ども平和賞を受賞した彼女のスピーチを聞き、我々大人の情けない姿こそ、未来を蝕む原因ではないかと改めて思います。

政治の世界では、その政策の問題、国が孕んでいるそれぞれの問題ではなく、話題が人間個人の責任追及や攻撃になりがちです。足の引っ張り合いが行われるのです。それを助長するのが国民であり、国民の批判が個人攻撃になればなるほど、それが目くらましになり、政府は思い通りに政策を進めることができてしまいます。そして、そのような行動をしている大人たちを見て、子どもたちは政治の世界や社会問題に対して、どのように思うでしょうか？

国民と政府の関係性を解説する著者

私は、※子どもの自殺が多い理由の一つに、大人が世の中を楽しむ背中を見せられていないことも一因だと思っています。そのため、大人こそ自分が得意なことを知り、そしてそれを使って世の中のためになることができていると楽しんで過ごすことが重要なのではないかと思っています。

私は政治家として活動することで、若者、そして子どもたちに政治の世界へ目を向けてもらいたいと思っています。そして、楽しんで活動している姿を魅せることで、彼らが政治の世界だけではなく、未来に対して希望をもって生きてくれることを望んでいます。

これまで、若者が政治に目を向けなかったのは、興味がないのではなく、諦めと呆れが入り交じり、そこに希望と楽しさを見いだせなかったからだと思っています。だからこそ、私は政治を誰でも身近に感じるエンターテイメントとしたいのです。それは、この言葉の語源そのものです。

※「政」は「祭」です。国民全員が日本という神輿を担ぎ、時には違える意見を議論させ、国を作り上げます。そして、その後はお祭りのように楽しく交流をし、同じ日本人同士親睦を図っていきます。このように国民が国を作って行くのが私の理想です。国民が集まり、地方が生まれ、その

※子どもの自殺
文部科学省がまとめた「児童生徒の問題行動・不登校調査」の2022年度の結果によると、小中高校から報告があった自殺者は計411人で、21年度の368人から43人増加した。過去最多水準の415人だった20年度と同様、深刻な状況になっている。

※政（まつりごと）は祭りごと
いずれも「奉（まつ）る」に由来する。2つが同じ語源であるのには諸説ある。一般的には、神様を鎮めることと領地を治めることが一緒に行われていたからと言われている。現在は政治と祀祭が一緒に行われることはない。

結果、国が成り立ちます。決して国のための国民なのではありません。

古来、日本はそのように過ごしていたと聞きます。現代でそれを行うならば、やはり地方の重要性を認識しなくてはならないと思います。地方の権利をしっかり残し、未来に希望を残そうではありませんか。

今が正念場です。我々大人がどのような形であれ、政治を誰もが身近に感じられるように、楽しんで行動していくことができれば…。そして、私の存在が政治に目を向けるきっかけになれば大変うれしく思います。

私自身の事業は、医療業界への挑戦、政治活動は全ての社会問題への挑戦、全国にて講演会や街頭演説を行うのは国民の意識への挑戦です。

私自身が楽しんで活動している姿を見て、また新しく行動してくれる方が生まれること。そのように新たな渦を作っていくことが私は何よりも重要だと思っています。

さぁ、みんな今こそ「政治をエンターテイメント（身近）」に。

毎日楽しんで過ごしていきましょう。

市民の疑問に回答する著者

【新事業のお知らせ】

これまで薬を減らす薬剤師として相談を受けてきた経験を経て、小田原市内に新たな店舗を構えます。

漢方の相談はもちろん、従来から行っているメタトロンという機械を使って、自身の身体をスキャンし、それぞれに合った食事法や生活方法を提案します。各種機械により、様々な未病への対応。妊活まで。月に１回自然派小児科医の髙野弘之先生の相談会もします。

クスリに安易に頼りたくないあなたのために。

医療費に挑戦する新規事業をオープンいたします。


【Salom SAWA】

一人一人の「IKIGAI」を作り、自立した芯のある自分を見つけられる場所。さぁ、医療業界への挑戦です。

新規オープンの店舗はオリジナル商品も多数あります。オーナーの城戸佐和子が徹底して納得した商品を扱い、また、開発もいたしました。

２０２４年5月後半オープン予定。ぜひお楽しみに。

【著者プロフィール】
城戸 佐和子（きどさわこ）
1985 年 12 月 4 日　神奈川県小田原市出身

《経歴》
日本女子大学附属高等学校卒業
北里大学薬学部薬学科卒業

《職業》
小田原市議会議員 1 期生
全国有志薬剤師の会　代表発起人
Salon　SAWA　代表
子育てサークル「タンポポキッズ」代表
フリースクール「みらいのたね」代表
子どものためのイベント会社「ギフテッドフォーちるどれん」代表
エルディアクリニック非常勤薬剤師

《資格》
薬剤師、栄養医学指導師、整体ボディセラピスト、メタトロンセラピスト、小川式心身機能活性療法初級指導士、酵素ファスティングアドバイザー、薬膳漢方セラピスト、（一社）よもぎ温熱協会認定セラピスト、薬害研究センター認定セラピスト（内海式精神分析法）、リンパデトックス協会認定リンパ温熱療法及びメリディアンリンパセラピスト

全てのきっかけは長女が 2 歳のころに起きた薬害から始まりました。これまでの自分の人生すべてを反省し、そこから「子どもたちの未来を守りたい」というモットーが生まれました。医療費を削減し未来への禍根を残さないこと、子どもの思考力を上げる教育はもちろん、成長を阻害しないため薬に頼ること以外の選択肢や大人の意識変革とその定着、そして最終的に一人一人が自分の軸を持ってもらえるようになることが目標です。

地方自治法改正案～みんなの自由が奪われる

2024年4月29日 第1刷発行
著　者　城戸 佐和子
発行者　釣部 人裕
発行所　万代宝書房
〒176-0002 東京都練馬区桜台 1-6-9-102
電話 080-3916-9383　FAX 03-6883-0791
ホームページ：http://bandaihoshobo.com/
メール：info@bandaihoshobo.com
印刷・製本　日藤印刷株式会社

ISBN　978-4-910064-94-9　C0036

装丁・デザイン／小林 由香

万代宝書房　お勧めの本

夫婦の断絶、親子の断絶、世代の断絶から蘇るための

「ドクターと牧師の対話」

コロナウィルス禍における、信仰者と医療者が道を拓く

著　者　石井 希尚
　　　　吉野 敏明
監　修　吉野 純子

【2021 年 8 月に行われた対談】
　この対談の中の言葉に、あなたが悩んでいる答えがあるはずなのです。そう、聖書的にこの対談を読んでもらいたいのです。そして、繰り返し読むことで、新しい発見があるはずです。だって、この対談を校正している、よしりん自身が、校正する度に、新しい気付きや発見があったからです。必ず、あなたにも、それが起こることを、よしりんは信じています。〈おわりに〉より

B6 版 127 頁　定価 1650 円
（本体価格＋税 10%）

あなたの赤ちゃんは、第７チャクラから降りてくる

～妊娠とチャクラとあなたの意識を医学で捉える

著　者　吉野 敏明
　　　　中野 智彰
　　　　田保 まや
監　修　吉野 純子

本書は、３つのテーマになります。１つ目のテーマは、「生き方と生殖能力」、つまり妊活についてです。２つ目は「治療者のあり方」、つまり前提ですね。前提が相手の人生や治癒力に与える影響について。そして３つ目は「先祖の意思と子どもの未来をつなぎ、豊かな日本がどのようにすれば世界をも豊かにすることができるのか?」ということについてです。本書では、妊娠とチャクラの関係について、明快に記されています。

B6 版 135 頁　定価 1650 円
（本体価格＋税 10%）

アマゾン、楽天ブックス、全国書店で取り寄せ、または、弊社ホームページからお求めください（http://bandaihoshobo.com）。